많은 사람들에게 사랑받아도
외로울 수 있지만,
단 한 사람이라도 사랑하는 사람은
외롭지 않습니다.

가족

가슴 시리도록 … 그립다

김남준

이 책을
제게 처음으로 사랑을 가르쳐 주신
할머니께 바칩니다.

김남준 현 안양대학교의 전신인 대한신학교 신학과를 야학으로 마치고, 총신대학교에서 목회학 석사와 신학 석사 학위를 받았으며, 신학 박사 과정에서 공부했다. 안양대학교와 현 백석대학교에서 전임 강사와 조교수를 지냈다. 1993년 **열린교회**(www.yullin.org)를 개척하여 담임하고 있으며, 현재 총신대학교 신학과 조교수로도 재직하고 있다. 저자는 영국 퓨리턴들의 설교와 목회 사역의 모본을 따르고자 노력해 왔으며, 아우구스티누스를 비롯한 보편교회의 신학과 칼빈, 오웬, 조나단 에드워즈와 17세기 개신교 정통주의 신학에 천착하면서 조국교회에 신학적 깊이가 있는 개혁교회 목회가 뿌리내리기를 갈망하며 섬기고 있다.

주요 저서로는 **1997년도 기독교 출판문화상**을 수상한 『예배의 감격에 빠져라』와 **2003년도 기독교 출판문화상**을 수상한 『거룩한 삶의 실천을 위한 마음지킴』, **2005년도 기독교 출판문화상**을 수상한 『죄와 은혜의 지배』, **2015년도 기독교 출판문화상**을 수상한 『가슴 시리도록 그립다, 가족』을 비롯하여 『구원과 하나님의 계획』, 『게으름』, 『자기 깨어짐』, 『하나님의 도덕적 통치』, 『교사 리바이벌』, 『자네, 정말 그 길을 가려나』, 『목회자의 아내가 살아야 교회가 산다』, 『설교자는 불꽃처럼 타올라야 한다』, 『돌이킴』, 『싫증』, 『개념없음』, 『그리스도인이 빛으로 산다는 것』, 『가상칠언』, 『목자와 양』, 『아이야 엄마가 널 위해 기도할게』, 『깊이 읽는 주기도문』, 『서른통』, 『부교역자 리바이벌』, 『인간과 잘 사는 것』, 『교회와 그리스도의 남은 고난』 등 다수가 있다.

가슴 시리도록 그립다
가족

ⓒ 생명의말씀사 2015

2015년 8월 5일 1판 1쇄 발행
2016년 1월 27일 5쇄 발행

펴낸이 | 김재권
펴낸곳 | 생명의말씀사

등록 | 1962. 1. 10. No.300-1962-1
주소 | 서울 종로구 경희궁1길 5-9(03176)
전화 | 02)738-6555(본사)·02)3159-7979(영업)
팩스 | 02)739-3824(본사)·080-022-8585(영업)

지은이 | 김남준

기획편집 | 태현주, 김정주
디자인 | 박소정, 조현진, 윤보람
인쇄 | 영진문원
제본 | 정문바인텍

ISBN 978-89-04-14142-5 (03230)

저작권자의 허락없이 이 책의 일부 또는 전체를
무단 복제, 전재, 발췌하면 저작권법에 의해 처벌을 받습니다.

✱ 가슴 시리도록 그립다

가족

저자 서문

가슴 시리도록 그리운 이름, 가족

사람이 세상에 태어나서 처음으로 경험하는 사회가 바로 가정입니다. 가정에 대한 인간의 첫 경험은 엄마의 품입니다. 거기에서부터 가정에 대한 그의 모든 기억이 시작됩니다.

일반적으로 우리가 엄마의 품을 생각할 때, 가장 먼저 떠오르는 단어는 '따뜻함' 입니다. 마찬가지로 가정에 대한 사람들의 일반적인 기대는 어떠한 경우에도 나를 품어 주는 따뜻하고 안전한 곳입니다. 그러나 너무나 많은 사람들에게 가정은 가슴이 시린 곳이고, 가족은 아프지만 그리운 이름입니다. 물론 마음이 따뜻해지는 추억으로 가득한 가정, 존재만으로도 힘과 위로가 되는 가족을 가진 행복한 사람들도 있습니다. 그렇지만 많은 사람들에게 가정은 상처와 아픔과 그리움이 공존하는 곳이고, 가족은 차라리 잊고 싶은 이름입니다.

이 책은 사랑하고 사랑받아야 할 가족임에도 불구하고 가족 간의 갈등 속에서 상처를 입은 사람들을 생각하면서 썼습니다. 또한 너무나 소중한 가정 안에 있으면서도 그것의 진정한 의미와 가치를 모르는 사람들도 염두에 두었습니다.

 한 사람이 이 세상에 태어나 수많은 사람들에게 넘치도록 사랑을 받아도 외로울 수 있습니다. 그러나 한 사람이라도 끝까지 사랑하는 사람은 결코 외롭지 않습니다. 가족을 끝까지 사랑하는 것은 힘든 일이지만 우리에게는 희망이 있습니다. 때로는 쓰러지고 넘어져도 하나님의 은혜로 다시 일어설 수 있기 때문입니다.

 더욱이 우리 주위에는 이혼을 심각하게 고려하거나 이혼의 아픔을 안고 살아가는 지체들이 있습니다. 저는 그들이 새로운 희망으로 새 삶을 살아갈 수 있기를 간절히 바라며 이 책을 썼습니다. 넘어진 자를 일으키셔서 다시 살게 하시는 하나님의 가슴 저미는 사랑으로 그들이 행복한 삶을 살 수 있기를 소망합니다. 여러분에게 하나님의 사랑이 가득하기를 진심으로 바랍니다.

2015년 4월
그리스도의 노예 김남준

목차

저자 서문 가슴 시리도록 그리운 이름, 가족 4
들어가는 이야기 참인간이 되는 기초는 가족의 소중함을 아는 것입니다 10

1부 가정을 주신 경륜을 생각하라

1장 남자와 여자로 지으시다

가정을 세우신 하나님 20 | 사람을 지으심 23 | 남자와 여자로 지으심 25 | 혼자 사는 것이 좋지 아니하니 27 | 그를 위하여 돕는 배필을 지으리라 30 | 그 갈빗대로 여자를 만드시고 33 | 두 가지 명령 34 | 생육하고 번성하라 36 | 정복하라, 다스리라 37 | 맺는 말 39

2장 가정을 세우는 원리

부부, 가정의 기초 46 | 사랑으로 세우는 가정 47 | 인격적인 사랑으로 49 | 남자가 부모를 떠나는 가정 54 | 부모도 자녀를 떠나야 57 | 그의 아내와 합하는 가정 59 | 육체적인 연합 60 | 정신적인 연합 61 | 영적인 연합 63 | 맺는 말 68

2부 가정의 질서를 세우라

3장 아내의 덕목, 복종하라

가정에는 질서가 필요하다 78 | 아내의 덕목, 복종 80 | 지금 같은 시대에 복종하라니 82 | 교회의 가정에 주신 말씀 85 | 복종의 의미 87 | 남편을 머리로 하는 질서 90 | 훌륭한 남편이 아닐지라도 92 | 아내에게 주신 신앙적인 명령 94 | 복종과 정신적인 연합 96 | 주 안에서 100 | 마땅하니라 102 | 하나님의 사랑으로 복종하라 104 | 맺는 말 106

4장 남편의 덕목, 사랑하라

우리가 사랑할 수 있을까? 112 | 아가페의 사랑으로 사랑하라 114 | 로마 사회와 아내 115 | 사랑의 성향과 행위 116 | 해야 하는 사랑에 직면하다 119 | 아가페와 까리따스 123 | 절망적인 기준 126 | 사랑의 힘을 공급받으라 129 | 맺는 말 132

5장 남편의 덕목, 괴롭게 하지 말라

어떻게 사셨습니까? 138 | 사랑함과 괴롭게 하지 않음 140 | 괴롭힘이 아닌 것 142 | 사랑 없음에서 나오는 괴롭힘 143 | 자기를 완성하는 길 147 | 아내를 억압하지 말라 149 | 아내와의 관계를 소중히 여기라 151 | 선물을 하십시오 154 | 맺는 말 156

6장　　　　　　　자녀의 덕목, 부모에게 순종하라

상처가 있습니까? 162 | 부모와 자식 관계의 경륜 164 | 부모와 자식, 인류의 보존 방식 166 | 자녀로서의 의무 168 | 자녀들아 172 | 부모에게 순종하라 173 | 좋은 부모를 만났습니까? 176 | 현실을 받아들이라 178 | 상처와 용서 180 | 용기가 필요하다 183 | 주 안에서 기쁘게 하는 것 185 | 드러난 것이 전부가 아니다 186 | 맺는 말 188

7장　　　　　　　부모의 덕목, 자녀를 낙심케 말라

부모입니까? 194 | 참사람이 되게 하기 위해서 195 | 두 가지 목표 197 | 덕이 있는 자녀가 되도록 199 | 낙심하는 아이들 202 | 자녀가 노엽게 되는 경우 205 | 사랑으로 양육하라 210 | 먼저 좋은 자녀가 되라 214 | 맺는 말 215

3부 남겨진 또 하나의 문제, 이혼

8장   이혼을 생각하는 그대에게

두 개의 함정 226 | 세계와 사회를 향한 계획 228 | 이혼이 허락될 때에도 230 | 누구의 책임인가? 233 | 하나님과의 관계에서 234 | 자녀와의 관계에서 236 | 자신과의 관계에서 240 | 사랑으로 고난을 이기라 241 | 결혼의 십자가를 지고 244 | 맺는 말 246

9장   이혼한 그대에게

망가진 사람들의 결합 252 | 행복한 결혼 생활을 위해서 254 | 이혼의 십자가를 지고 255 | 하나님 앞에서 256 | 교회 앞에서 259 | 깨어진 가정 앞에서 261 | 자기 자신을 향하여 263 | 변함없는 하나님의 사랑 265 | 맺는 말 267

마치는 이야기   여호와여, 나는 주의 구원을 기다리나이다   270
참고 문헌   276

들어가는 이야기

참인간이 되는 기초는 가족의 소중함을 아는 것입니다

새벽에 어디에선가 우는 소리가 들려와 잠이 깨었습니다. 그것도 흐느끼는 소리가 아니라 통곡하는 소리였습니다. 알고 보니 그 소리는 다른 사람이 아니라 제가 자면서 낸 울음소리였습니다. 눈에서 흐른 눈물로 베개는 흠뻑 젖어 있었고, 얼마나 목 놓아 울었던지 머리가 아플 지경이었습니다.

꿈속에서 돌아가신 아버지를 뵈었습니다. 흰색 반팔 티셔츠와 검은색 바지를 입으신 모습이 조금 여위어 보였습니다. 아버지는 허리를 굽힌 채 나무로 된 상자에 무엇인가를 계속 담고 계셨습니다. 제가 뒤로 다가가서 "아버지!" 하고 불러 보았지만 아버지는 듣지 못하셨는지 하던 일만 계속하셨습니다. 저는 그제야 아버지의 청력이 많이 떨어져서 언젠가 보청기를 해 드렸던 기억이 났습니다. 그래서 더 가까이 다가가 아버지의 어깨를 두드리며 "아버지!" 하고 불렀습니다. 그러자 아버지는 고개를 돌려 저를 보시고는 활짝 웃으셨습니다.

반가움이 가득한 아버지의 웃는 얼굴을 뵙는 순간, 제가 아버지를 얼마나 많이 사랑했는지와 그 사랑을 표현하는 데 얼마나 인색했는지가 생각났습니다. 그래서 아버지의 목을 끌어안고 엉엉 울었습니다. 그러다가 잠이 깨었던 것입니다.

잠을 깨고 난 후에도 한동안 울음을 그칠 수 없었습니다. 지난 세월이 주마등처럼 머릿속을 스쳐 지나갔기 때문입니다. 미워할 때는 미워하느라고 흘려보낸 시간이, 사랑한 후에는 그 사랑을 표현하지 못하고 침묵 속에서 지나가 버린 시간이 너무 안타까워 어둠 속에서 허공을 바라보면서 한없이 울었습니다.

아버지는 늘 주일 예배를 마치고 나면 당시 교회 건물 3층에 있었던 사택으로 올라와 저를 기다리셨습니다. 아마도 아들의 얼굴을 가까이에서 한 번이라도 더 보고 싶으셨나 봅니다.

젊었을 때는 식구들에게 소리도 지르고 본인의 뜻대로 안 되면 심하게 역정도 내곤 하셨지만, 나이가 드시자 그런 강한 모습은 점점 사라지고 힘없이 어깨를 떨구고 계실 때가 많아지셨습니다. 제가 사택 문을 열고 들어서면 소파에 앉아 반갑게 맞아 주셨는데, 나이가 드실수록 더 작아지는 듯한 아버지의 어깨와 흰머리 가득한 모습을 지금도 잊을 수가 없습니다.

10년 전 2월, 어느 추운 날에 건강하시던 아버지가 갑자기 세상을 떠나셨습니다. 그 해 아버지 없는 첫 번째 5월을 맞이하게 되었는데, 아침에 집을 나서기 전 저는 아내에게 무심결에 이렇게 말했습니다. "여보, 우리 어버이날에 아버지를 모시고 온 가족이 함께 식사하러 가면 좋겠어." 그러자 아내가 정색을 하면서 말했습니다. "여보! 아버님이 돌아가신 지 몇 달이 지났는데, 아버님이 어디 계셔?" 그때 저는 이런 생각이 들었습니다. '아, 나는 이제 아버지가 없는 사람이구나!'

함께 있을 때는 그 사람의 소중함을 알지 못합니다. 저도 그랬습니다. 어렸을 때는 아버지에 대한 미움 때문에 공경할 수 없었고, 주님을 깊이 만나 아버지를 용서한 후에는 쑥스럽고 어색해서 사랑한다고 말로 표현하지 못했습니다. 그러다가 불현듯 하나님께서 아버지를 데려 가셨습니다. 이제 아버지와 저 사이에는 건널 수 없는 삶과 죽음의 경계가 생겨서 꿈이 아니면 아버지를 뵐 수 없게 되었습니다. 며칠만이라도 아니, 단 하루만이라도 아버지가 제게 오신다면 그동안 드러내지 못했던 사랑을 한없이 표현할 텐데……. 이제 아버지에 대한 저의 기억은 움직일 수 없는 과거가 되었습니다.

한 인간은 가족을 통해 최초로 사랑을 배우고 또한 인간에 대한 실망과 미움도 가장 먼저 경험합니다. 인간은 그런 자신의 가족을 이해하고 사랑하며 받아들임으로써, 자신의 정서적·인지적 영역을 넓혀 가며 어른이 되어 갑니다. 그래서 참인간이 되는 기초는 가족의 소중함을 아는 것입니다. 그때 그를 진심으로 사랑할 수 있기 때문입니다.

가족은 무엇인가 나에게 유익한 것을 해주었기 때문에 소중한 사람이 아닙니다. 그저 그렇게 존재하는 것만으로 충분히 고마운 존재가 바로 가족입니다.

저는 아버지를 진심으로 사랑하려고 많이 애썼습니다. 그러나 그런 제 노력이 무색할 정도로 아버지는 변하지 않았습니다. 유년 시절, 제게 아픔을 주던 그 모습 그대로였습니다. 그런 아버지를 사랑하기 어려울 때마다 제 마음이 하나님의 은혜에 의해서 수시로 꺾였습니다. 어떻게 자기를 꺾고 다른 사람을 사랑할 수 있는지를 배웠습니다.

이기주의란 자신이 원하는 대로, 자기 마음대로 사는 것만이 아닙니다. 다른 사람이 내가 원하는 모습으로 살기를 바라는 그 마음이 바로 이기주의입니다. 그러므로 가족을 향해서 이런저런 부분들을 고쳐야지만 사랑할 수 있다고 생각하지 말고 그들의 있는 모습 그대로를 사랑해 주십시오. 그가 나의 가족이라는 한 가지 이유 때문에 한없이 사랑하는 것이 하나님의 사랑을 아는 사람의 마땅한 본분입니다. 이렇게 가족을 사랑하려고 몸부림치는 그 과정을 통해서 우리는 점점 더 온전한 사람이 될 것입니다.

1부   가정을 주신 경륜을 생각하라

사회의 모든 제도는 사람들이 살아가다가 필요해서 만든 것입니다. 그러나 가정이라는 제도는 인간이 경험을 바탕으로 만든 제도가 아닙니다. 가정은 하나님께서 직접 제정하신 제도로, 인간을 향한 하나님의 계획과 기대가 무엇이었는지를 우리에게 보여줍니다(창 2:18, 말 2:15).

하나님께서는 인간이 독립적으로 단절된 채 존재하는 대신, 서로 사랑을 나누면서 살기를 바라셨습니다(창 2:23). 당신이 창조하신 세상에서 인류가 사랑의 관계 속에서 자녀를 생산하며 또 그 자녀와도 서로 사랑하고 사랑받으며 살기를 원하셨던 것입니다. 그렇기에 만약 인류가 타락하지 않았더라면 인류는 하나의 거대한 가족이 되었을 것입니다. 그리고 그 가족 관계의 중심에는 모든 사람들이 사랑하고 우러르는 하나님께서 계셨을 것입니다. 사람들 사이에는 탁월한 사랑이 있었을 것이고 자연 만물을 향한 인간의 호의와 배려도 뛰어났을 것이니, 이러한 정신의 힘들은 모두 하나님의 사랑으로 말미암았을 것입니다.

인류의 타락으로 말미암아 인간 안에 도입된 죄는 하나님과의 관계뿐 아니라 인간들 사이의 관계도 파괴하였고 나아가서는 자연 세계와의 관계도 파괴하였습니다(롬 1:30, 5:12, 8:22). 따라서 순전한 사랑으로 세워질 가정의 질서도 파괴되었고, 인간은 하나님께서 의도하신 바대로의 가정을 세울 수 있는 능력을 상당 부분 상실하였습니다(창 3:12, 4:8).

그러나 인류가 타락했음에도 불구하고 가정이라는 제도를 주신 하나님의 계획과 세계에 대한 경륜은 변하지 않았습니다. 한편으로는 인간의 본성에 새기신 율법으로써 가정을 세우신 하나님의 의도를 희미하게나마 따르게 하셨고, 또 다른 한편으로는 인류 중 얼마를 구원하여 그들을 온전한 사람으로 만드심으로써 그들의 가정이 원래의 목적으로 돌아갈 수 있게 하셨던 것입니다. 성경에서 한 가정의 구성원으로서의 삶과 교회의 지체로서의 삶이 나란히 강조되는 것도 바로 이 때문입니다(엡 5:22-33).

하나님이 자기 형상 곧 하나님의 형상대로 사람을 창조하시되 남자와 여자를 창조하시고 하나님이 그들에게 복을 주시며 하나님이 그들에게 이르시되 생육하고 번성하여 땅에 충만하라, 땅을 정복하라, 바다의 물고기와 하늘의 새와 땅에 움직이는 모든 생물을 다스리라 하시니라 **창 1:27-28**

1장 　　　　　　　남자와 여자로 지으시다

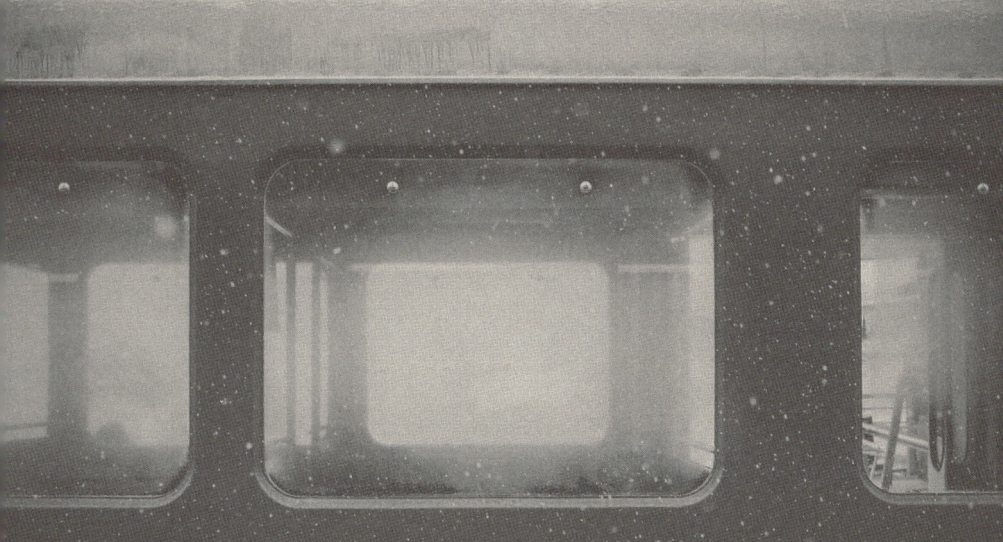

가정을 세우신 하나님

요즘 부부 행복의 비결을 가르치는 책들을 보면 수기 형식의 글들이 많습니다. 그중 많은 책들은 이런 이야기를 다루고 있습니다.

남편과 아내가 많은 갈등 속에서 살아왔습니다. 그런데 어느 날 남편이 생각합니다. '우리가 언제까지 이렇게 다투며 살 것인가? 그래, 차라리 내가 지고 말자!' 이렇게 결심하고 아내에게 일방적으로 죽어지냈더니 행복한 가정이 되었더라는 내용입니다.

물론 반대의 경우도 나옵니다. 매일 남편과 싸워 이혼 직전까지 갔는데, 어느 날 아내가 마음을 돌려서 '애들 때문에라도 헤어지지 못할 텐데 차라리 내가 포기하자. 나만 조용히 죽어지내면 집안이 평화로울 텐데.'라고 마음먹었더니 가정에 평화가 이루어졌다는 이야기입니다. 하지만 이것은 성경적인 가정을 이루는 원리가 아닙니다.

부부가 다투고 갈등하면서 살면 서로에게 고통만이 따릅니다. 이때 사람들은 대체로 극단적인 방식으로 그 고통을 피하려고 합니다. 남편이나 아내가 상대방을 완전히 굴복시켜서 갈등을 종식시키려는 것이지요. 그래서 때로는 아내가 남편을, 남편이 아내를 억압하여 그 위에 군림하려고 합니다. 그러나 이렇게 어느 한편이 다른 한편을 굴복시켜 평화를 획득하는 것은 성경이 우리에게 가르쳐 주는 바람직한 방식이 아닙니다.

국제연합(United Nations)과 같은 기구가 생기기 전에도 세계의 평화는 거론되었습니다. 로마에 의한 평화(*Pax Romana*), 몽골에 의한 평화(*Pax Mongolica*), 대영제국에 의한 평화(*Pax Britanica*), 미국에 의한 평화(*Pax Americana*), 중국에 의한 평화(*Pax Sinica*)가 그런 사례입니다. 제2차 세계대전 당시 일본이 꿈꾸었던 '대동아공영권'(大東亞共榮圈) 같은 것도 그런 계획 중 하나였습니다. 그러나 이것은 진정한 의미의 평화가 아닙니다.

칸트(Immanuel Kant, 1724-1804)는 자신의 책 『영구 평화론』(*Perpetual Peace*)에서 이것을 "전제주의가 (자유의 매장지 안에서) 모든 세력을 약화시켜 만들어 내는 평화"라고 하였습니다. 왜냐하면 이것은 강력한 힘을 가진 어느 한 나라에 의해 주변의 국가들이 통제받음으로써 한동안 전쟁이 발생하지 않는 경우이지, 영원히 유지되는 평화가 아니기 때문입니다. 이처럼 남편이나 아내가 상대방을 억압함으로써 이루어지는 평화는 진정한 의미에서의 평화라고 할 수 없습니다.

그러나 많은 사람들은 가정의 바람직한 모습이 어떠한 것인지 모르는 무지 속에서 이러한 그릇된 방식으로 평화를 획득하려고 합니다. 그러한 일에는 그리스도인이라고 해서 예외는 아닙니다. 어떤 사람은 갓 결혼한 여성에게 이런 어리석은 충고를 하기도 합니다. "결혼 후 6개월간의 태도가 향후 50년을 좌우한다." 결혼하고 나서 처음 6개월 동안의 기싸움에서 이기는 사람이 가정의 주도권을 가지게 되니 상대방에게 밀리지 말라는 것입니다.

결혼하려는 남성에게 이렇게 충고하는 사람도 있습니다. "아내에게 일생 동안 식탁에서 대접받고 싶으면 결혼 후 3개월만 까다롭게 굴어라. 사흘 안에 같은 국이 올라오면 멀리 밀어 놓고, 두 번 연이어 올라오는 반찬에는 젓가락을 대지 말라." 그러면 아내는 긴장해서 요리를 배우기 시작할 것이고 그러한 태도는 평생을 갈 것이라는 의미입니다.

가정 행복에 대한 이런 식의 이해는 성경적이라고 할 수 없습니다. 아내는 남편의 종이 아니고, 남편도 아내의 머슴이 아니기 때문입니다. 아내의 최종적인 목표는 남편의 행복이 아니며, 남편의 최종적인 목표도 아내를 만족하게 하는 것이 아닙니다.

가정과 교회는 하나님께서 이 땅에 직접 세우신 기관입니다. 또 다른 기관인 국가는 죄가 들어온 다음 인간의 악한 성향을 따라 이루어진 것이므로 하나님께서 직접 세우셨다고 말할 수 없습니다(호 13:11). 가정은 인간의 필요에 의해, 인간에 의해 만들어진 기관이 아닙니다. 가정은 이 세상을 창조하시고 인간을 만드신 하나님에 의해서, 하나님께서 기뻐하시는 질서를 따라, 하나님의 방법으로 세워진 기관입니다(창 2:20-24).

우리는 이 세상 전문가들이 시대의 정신을 따라 전하는 인본주의로 가득한 가정에 대한 이야기를 뒤로하고 성경의 순수한 가르침으로 돌아가야 합니다. 이를 위해서는 하나님께서 가정이라는 제도를 무엇 때문에 만드셨으며 그것을 통해 창조하신 세계와 인류에 무엇을 이루고자 하셨는지를 아는 것이 먼저 필요합니다. 성경을 기초로 인간이 누구이며, 세계는 무슨 목적으로 창조되었으며, 그것이 가정을 주신 의도와 어떤 관계가 있는지를 아는 것이 행복한 가정을 이루기 위해서 가장 먼저 요구되는 것입니다(딛 1:11 참고).

사람을 지으심

하나님께서는 두 세계를 창조하셨습니다. 하나는 천상의 세계이고, 다른 하나는 지상의 세계입니다(창 1:1). 천상의 세계는 천사들의 섬김을 받으시면서 하나님께서 직접 통치하십니다. 그러나 지상의 세계는 인간을 하나님의 대리자로 삼아서 다스리게 하셨습니다(창 1:26). 인간의 지위는 이처럼 높고 고귀한 것이었습니다.

천사를 대단한 존재라고 생각하는 사람도 있었고 천사를 숭배하던 사상도 있었습니다(골 2:18). 그러나 천사의 지위는 인간의 그것에 비할 바가 아닙니다. 천사는 하나님의 심부름꾼에 불과하지만 인간은 하나님의 대리자로 부름받아 지상 세계를 다스리고 하나님과 교제할 특권을 부여받았기 때문입니다(창 1:26, 벧전 1:12).

하나님께서 사람을 매우 특별하게, 당신의 형상대로 창조하신 것도 바로 이 때문입니다(창 1:27). 하나님께서 인류를 창조하실 때 그들에게 기대하신 삶이 있었습니다. 그리고 당신이 기대하신 삶을 살아갈 수 있는 능력을 사람의 영혼 안에 주셨는데, 그것이 바로 인간이 하나님의 형상(形狀)으로 지음받았다는 의미입니다.

종교개혁자 칼빈(John Calvin, 1509-1564)에 의하면, 이 '형상'은 인간의 영혼 안에서 발견되는 것으로 '창조시에 하나님께서 인간에게 부여하신 인간으로서의 온전함과 순전함'입니다. 이 형상은 '그리스도의 형상'이라고도 불리는데, 이는 보이지 않는 하나님의 형상이 성육신하신 그리스도 안에서 구체적으로 나타났기 때문입니다(갈 4:19, 고후 4:4). 그래서 타락한 인간에게 이 형상의 회복은 곧 그리스도를 닮는 것을 의미합니다. 이에 대해 성경은 이렇게 말합니다.

오직 너희의 심령이 새롭게 되어 하나님을 따라 의와 진리의 거룩함으로 지으심을 받은 새사람을 입으라(엡 4:23-24).
새사람을 입었으니 이는 자기를 창조하신 이의 형상을 따라 지식에까지 새롭게 하심을 입은 자니라(골 3:10).

인간 안에 있는 하나님의 형상이란 일차적으로 영적이고 정신적인 특성인데 영혼과 육체가 결합한 인간의 전 존재에 관여합니다. 그러므로 물질적 실체로서의 육체 또한 하나님의 형상의 담지체로서 마땅히 존중히 여김을 받아야 합니다. 하나님을 믿든지 믿지 않든지를 떠나서 인간 자체의 존엄성과 고귀함을 인정하는 기독교 사상이 여기에서 나온 것입니다.

인간이 하나님의 형상대로 지음받았기에 자연적으로는 세계를 바라보면서 원인과 결과를 파악하여 현실을 분석할 수 있는 학문을 세울 수 있습니다. 그래서 미래를 예측할 수 있습니다. 또한 영적으로는 이 형상이 있기에 하나님이 누구신지를 알고 사랑할 수 있습니다. 인간이 비록 타락하였지만 성경의 계시와 은혜를 힘입어 하나님의 창조의 목적대로 사는 참인간이 될 수 있는 것도 바로 인간이 하나님의 형상대로 지음받았기 때문입니다.

남자와 여자로 지으심

하나님께서는 인간을 제외한 모든 피조물들을 말씀으로 창조하셨습니다. 그러나 인간은 다른 피조물과는 전혀 다른 방식으로 창조하셨습니다. "여호와 하나님이 땅의 흙으로 사람을 지으시고 생기를 그 코에 불어넣으시니 사람이 생령이 되니라"(창 2:7).

성경은 하나님께서 사람의 육체를 흙으로 만드셨다고 기록합니다. '흙'은 히브리어로 아파르인데 '흙'이라기보다는 '티끌' 혹은 '먼지'를 의미하는 단어입니다(창 13:16, 출 8:16). 하나님께서는 이 티끌로써 사람의 육체를 만드시고, 생기를 불어넣으심으로써 영혼을 창조하셨습니다. 코에 생기를 불어넣는 것 자체가 하나님의 창조의 동작이며 이로써 인간은 육체와 영혼이 결합되어 '생령' 곧, '살아 있는 사람'이 되었습니다.

구약성경에서 아파르는 '존재의 미천함', '아무것도 아닌·무(無)에 가까운 상태', '무가치함'을 의미합니다(창 18:27). 그러므로 하나님께서 티끌로 인간의 육체를 창조하신 것은 인간은 창조주 하나님에 비하면 아무것도 아닌 연약한 존재임을 기억하라는 뜻입니다. 하나님을 의지하여 존재하고 살아갈 수밖에 없음을 알라는 것입니다.

어떤 사람들은 인간의 육체의 능력을 자랑합니다. 그러나 인간의 진정한 위대함은 육체에 있지 않고 영혼에 있습니다. 인간이 하나님을 알고 이해할 수 있는 영적이고 도덕적인 존재가 된 것은 그에게 영혼이 있기 때문입니다.

인간의 육체는 영혼의 올바른 지도를 받을 때 비로소 참인간다운 삶을 살 수 있습니다. 또한 인간의 영혼은 하나님께로부터 창조되었기 때문에 그분을 의존하고 올바른 관계를 맺을 때 그 영혼이 참 영혼다울 수 있습니다. 그래서 아우구스티누스(Aurelius Augustinus, 354-430)가 말한 바와 같이 육체의 생명은 영혼이고, 영혼의 생명은 하나님이십니다.

하나님께서는 남자를 먼저 지으신 후 혼자서 잠깐 동안 살아보게 하셨습니다. 그리고 그 후에 여자를 지으셨습니다. "사람이 혼자 사는 것이 좋지 아니하니 내가 그를 위하여 돕는 배필을 지으리라"(창 2:18).

이 구절은 하나님께서 남자만 만들어 놓고 보니 남자 혼자 있는 것이 좋지 않게 여겨져서 원래 계획에는 없었던 여자를 추가적으로 만드신 것처럼 생각하게 합니다. 결코 그렇지 않습니다. 하나님께서는 아담을 창조하기 전부터 여자를 만들 계획이 있으셨습니다. 그래서 흙으로 아담을 창조하시는 것에서부터 그의 갈빗대를 취하여 여자를 지으시는 것까지가 모두 인간 창조를 위한 하나의 과정이었습니다.

그러나 하나님께서는 아담을 먼저 창조하셔서 잠시 동안 혼자서 살아보도록 하셨습니다. 그래서 아담 스스로 무엇인가가 모자라다는 것을 느끼게 하셨습니다. 이것은 아담이 이후에 만날 하와를 진심으로 필요한 존재요, 서로 사랑하며 살아야 할 존재로 소중히 여기게 하기 위함이었습니다.

혼자 사는 것이 좋지 아니하니

하나님께서는 이 세상을 창조하셨습니다. 해와 달과 별, 무수한 식물들과 동물들, 하늘을 나는 새와 바다의 물고기들을 모두 창조하신 후 마지막에 사람을 만드셨습니다(창 1:31, 2:7). 그런데 하나님께서는 아담 혼자 살아가는 세상이 되기를 바라지 않으셨습니다.

성경은 사람이 혼자 사는 것이 하나님 보시기에 '좋지 않았다.' 라고

1장 남자와 여자로 지으시다　27

말합니다(창 2:18). 본문의 "좋지 아니하니"라는 말은 '나쁜 것이었다.' 라기보다는 '온전하지 않았다.'라는 해석이 더 어울립니다. 그렇다면 어떤 면에서 사람이 혼자 사는 것이 온전하지 않았을까요?

하나님께서는 하나님의 형상을 닮은 많은 사람들이 지구 위에서 서로 사랑하며 살기를 원하셨습니다. 그렇게 함으로써 당신이 창조하신 세계 위에 당신의 창조 계획이 찬란하게 드러날 것이기 때문이었습니다(시 19:1, 사 66:18-19). 그러한 관점에서 바라볼 때 사람이 혼자 사는 것이 좋지 아니하였습니다.

또한 이 '온전하지 않았다.' 라는 표현은 인간을 통해 하나님의 성품을 알리고자 하신 하나님의 계획에서 바라볼 때 아담 혼자 있는 것이 좋지 아니하였다는 의미입니다(고후 7:1 참고). 우리는 하나님을 '아버지' 라고 부릅니다(마 6:9). 죄 있는 자들을 공의로 심판하시고 이스라엘을 힘 있게 이끄시는 것은 진정 아버지의 모습입니다. 그러나 우리는 성경을 읽으면서 하나님을 '어머니' 라고 부르고 싶은 충동을 느낄 때가 한두 번이 아닙니다.

누가복음 15장에 등장하는 둘째 아들은 아버지가 살아 계신데도 유산을 요구했습니다. 유산을 받자마자 그는 재물을 챙겨 집을 떠났고, 외국에서 자기가 하고 싶은 대로 자신의 즐거움을 찾아 생활하면서 그 많던 재물을 허랑방탕하게 모두 사용하였습니다. 둘째 아들이 그렇게 집은 잊어버리고 자기만을 위해 살고 있을 때, 동구 밖에서 아들을 기다리는 아버지가 등장합니다(눅 15:11-32).

하지만 집 나간 자식이 돌아오기를 바라며 집 밖에서 눈물 흘리며 기다리는 모습은 우리의 정서상으로는 어머니의 모습입니다. 불순종함으로 이방신을 좇는 이스라엘을 향해 돌아오라고 외치는 선지서에서 나타난 인내의 하나님도 자녀 사랑으로 눈물 흘리는 어머니의 모습입니다(호 6:1, 11:7). 예수 그리스도께서 선지자들을 죽이고 배역한 이스라엘을 향하여 안타까워하시는 장면도 어머니 같은 아버지의 모습을 보여줍니다(마 23:37).

이처럼 하나님께서는 모성과 부성을 지니신 '아버지'입니다. 하나님 안에는 아버지로서의 하나님 사랑과 어머니로서의 하나님 사랑이 있어서 우리를 공의와 정의로 다스리는 동시에 사랑과 자비로 다스리십니다(롬 5:5, 8:39, 살후 1:5, 7). 그리고 이것을 남성과 여성에게 나누어 주셨습니다. 그래서 후손들이 엄마 아빠를 통해 하나님의 성품을 배울 수 있도록 계획하셨습니다. 그렇기에 아담이 아무리 온전한 사람이었다고 할지라도 아담 혼자서는 이후의 세대들에게 하나님의 성품을 충분히 보여줄 수 없었을 것입니다.

그래서 하나님께서는 여성을 창조하셔서 남성의 아내가 되게 하셨습니다. 그 가정에서 아이들이 자라면서 아빠와 엄마를 통해서 어머니 같으신 아버지 하나님을 알아가게 하셨습니다(잠 22:6, 15). 그러므로 아담 혼자 살면서 하나님을 섬기는 것만으로는 충분하지 않았습니다. 이것이 바로 하나님께서 아담의 아내로서 하와를 창조하신 이유였습니다.

그를 위하여 돕는 배필을 지으리라

하나님께서 아담과 하와 두 사람 모두를 만드셨지만, 만드심의 방식에는 약간의 차이가 있습니다. 아담은 흙을 빚어서 그 코에 생기를 불어넣으심으로 만드셨습니다(창 2:7). 그러나 여자는 그렇게 하지 않고 아담을 깊이 잠들게 한 다음에 그의 갈빗대를 취하여 만드셨습니다(창 2:22). 그리고 이것은 "그를 위하여 돕는 배필"(창 2:18)을 만들기 위함이라고 성경은 기록합니다.

어떤 사람들은 남자가 여자보다 우월하다는 주장의 근거로 이 성경 구절을 내세웁니다. 남자는 하나님께서 흙으로 만드셨지만, 여자는 그 남자의 갈비뼈를 취하여 지으셨기 때문입니다. 그러나 그것은 생각하기 나름입니다. 남자의 육체를 만든 재료는 흙이었고 여자의 육체를 만든 재료는 사람의 갈비뼈였으니, 여자가 더 고급 재료로 만들어진 것이 아닙니까? 또한 먼저 제작된 것보다 나중에 제작된 것이 모든 면에서 더 완전성이 높은 제품일 수 있다는 사실을 생각한다면, 남자가 여자보다 더 우월하다고 주장하지는 못할 것입니다. 물론 이 말은 무한히 완전하신 하나님께서 언제 사람을 창조하시든지 그 시점과 상관없이 당신이 의도하신 대로 완전한 인간을 창조하실 수 있었다는 사실을 부인하는 것은 아닙니다. 단지 여자가 남자의 갈비뼈로 나중에 지음받았기에 남자보다 더 열등한 존재라는 주장은 옳지 않다는 것을 보이고자 함입니다.

또 어떤 사람들은 남자가 여자보다 우월하다는 것을 하나님께서 여자를 지으신 의도와 관련하여 생각하기도 합니다. 우리말 성경에서 하와를 가리켜 "그를 위하여 돕는 배필"이라고 표현한 구절을 근거로 여성이 남성을 위해 창조되었다고 오해한 것이 바로 그 경우입니다. 하지만 히브리어 원어 성경을 살펴보면 그렇지 않음을 알 수 있습니다.

우리말 성경에서 "그를 위하여 돕는 배필"이라고 번역된 부분은 히브리어 성경에 로 에제르 케네그도로 되어 있습니다. 이 중 케네그도는 '그와 상응하는', '그와 맞먹는', '그와 대응하는', '그와 짝을 이루는'의 의미(corresponding to)를 가집니다. 그리고 로는 '그에게' 혹은 '그에 대하여'라는 의미(to him 혹은 for him)를, 에제르는 '도움' 혹은 '구원'이라는 의미(help 혹은 succour)를 가집니다. 그러므로 이 구절의 바른 번역은 "그에게, 그와 상응하는 돕는 자" 혹은 "그에 대하여, 그와 짝을 이루는 구원자"입니다.

여기서 앞에 나오는 두 개의 전치사 로와 케네그도는 남녀가 종속 관계로 얽혀 있는 것이 아니라 오히려 대등한 관계임을 보여줍니다(창 2:18).

에제르도 우리말로만 보면 도움을 주는 보조적인 존재로 생각되지만 사실은 그렇지 않습니다. 이 단어의 용례는 다음과 같은 성경 구절에서 나타납니다. "우리 영혼이 여호와를 바람이여 그는 우리의 도움과 방패시로다"(시 33:20), "주는 나의 도움이시요"(시 40:17), "우리의 도움은 천지를 지으신 여호와의 이름에 있도다"(시 124:8), "내가 그 호위하는 자와 부대들을 다 사방으로 흩고 또 그 뒤를 따라 칼을 빼리라"(겔 12:14), "그들이 몰락할 때에 도움을 조금 얻을 것이나 많은 사람들이 속

임수로 그들과 결합할 것이며"(단 11:34).

이처럼 에제르라는 단어는 '도움', '호위하는 자' 등으로 번역되었습니다. 여기의 도움은 '작은 도움'을 가리키는 것이 아니라 '구원자의 도움'을 가리킵니다(시 27:9, 28:7, 40:17). 또한 이 단어는 구약 시대 전쟁에서의 '응원군'을 가리키는 단어입니다(시 30:20, 115:9-11). 에제르라는 명사의 동사형인 아자르가 '돕다.', '방어하다.', '둘러싸다.' 등의 의미를 갖는 것을 보면 이러한 용례는 더욱 분명해집니다(수 1:14, 10:6).

묵상해 보십시오. 치열한 전투를 치렀지만 이제 적에게 기세가 꺾여 패색이 짙어졌습니다. 그때 저 멀리서 천둥소리와 같은 말발굽 소리가 들려옵니다. 뿌연 먼지를 일으키며 수많은 군사들이 몰려오고 있습니다. 그리고 곧 그들이 자신들을 돕는 '응원군'이라는 사실을 알게 됩니다. 그러자 패색이 짙던 군인들의 마음속에는 다시 용기가 솟아오르고 새 힘이 넘쳐 납니다. 거대한 함성이 전장에 울려 퍼지고, 결국 응원군의 도움으로 그 전쟁에서 승리할 수 있게 됩니다. 이런 응원군의 모습이 바로 에제르라는 단어가 의미하는 바입니다. 아내는 남편에게 그런 존재로서 '돕는 자' 혹은 '구원자'가 되도록 부르심을 받았습니다.

하나님께서는 여성을 남성에게 종속되는 열등한 존재로 만들지 않으셨습니다. 오히려 남성은 여성의 도움 없이는 하나님께서 자기를 지으신 창조 목적을 온전히 이룰 수가 없습니다. 이것은 여성에게도 마찬가지입니다. 이처럼 여성은 남성에게 결정적으로 중요한 존재입니다.

그 갈빗대로 여자를 만드시고

하나님께서는 하와를 아담의 갈빗대를 취하여 만드셨습니다(창 2:22). 경건한 주석가 매튜 헨리(Matthew Henry, 1662-1714)는 여자가 남자의 갈비뼈로 지음받았다는 사실을 창세기 주석에서 다음과 같이 아름답게 표현하였습니다.

> 여자는 남자의 갈비뼈로 지음받았습니다. 남자 위에 군림하도록 머리뼈에서 취하지 않으시고, 남자에게 짓밟힘을 당하도록 발의 뼈에서 취하지 않으셨습니다. 남자와 동등하게 그 옆구리에서, 남자의 보호를 받도록 팔 아래서, 남자의 사랑을 받도록 심장 가까운 데 있는 갈비뼈를 취하여 여자를 만드셨습니다.

하나님께서 남자의 몸의 일부로 여자를 만드신 것은 남자와 여자 중에서 누가 더 우월한지를 보여주기 위함이 아니었습니다. 이것은 둘이 원래 한 몸이라는 사실과 한 몸으로 연합되어 살아가야 하는 결혼의 대의(大義)를 보여주시기 위함이었습니다(마 19:5-6, 고전 6:16).

모든 인류는 결국 한 몸입니다. 하나님께서는 아담과 하와는 직접 만드셨지만 그 이후의 사람들은 남녀가 결합함으로써 태어나게 하셨습니다. 그렇다면 인류의 뿌리를 추적하고 추적하면 맨 마지막에 아담이 나올 것입니다. 인류가 한 몸에서 유래되었기 때문입니다(창 5:1-2). 이렇게 하나님께서 온 인류를 한 사람의 몸에서 만드신 것은, 사람들이 서로가 서로를 향해 온전히 자신의 몸인 것처럼 아끼며 사랑하는 세계가 되기를 바라셨기 때문입니다(요 17:23, 요일 4:11). 하나님께서는 아담과 하와 사이의 "이는 내 뼈 중의 뼈요 살 중의 살이라"는 사랑의 고백을 모든 인류가 함께 누리며 살기를 원하셨던 것입니다(창 2:23).

이 창조 계획은 인간의 타락으로 잠시 좌절되는 듯했습니다. 그러나 예수 그리스도의 구원 사역으로 하나님 나라가 도래함으로 성취되었고, 미래에 완전히 완성될 것입니다(고전 13:12, 계 21:3-4). 하나님께서 교회를 예수 그리스도를 머리로 하는 한 몸으로 부르신 것도 구원을 통해 온 인류가 그 한 몸을 회복하게 하시기 위함이었습니다(골 3:15). 그러므로 지상의 교회는 종말론적으로 이루어질 하나님의 나라를 미리 앞당겨서 누리는 공동체입니다(마 12:28, 롬 14:17).

두 가지 명령

하나님께서는 첫 사람 아담을 인류의 대표자로 삼으시고 두 가지 명령을 내리셨습니다.

첫째로 종교에 관한 명령입니다. 이것은 하나님과 사람의 관계에 관한 명령입니다. "동산 각종 나무의 열매는 네가 임의로 먹되 선악을 알게 하는 나무의 열매는 먹지 말라 네가 먹는 날에는 반드시 죽으리라 하시니라"(창 2:16-17). 이 말씀이 의미하는 바는 하나님께 순종하라는 것입니다.

선악을 알게 하는 나무를 동산 중앙에 두신 것은 하나님의 은혜였습니다. 생각해 보십시오. 아담과 하와에게 모든 피조물이 복종하였습니다(창 2:19). 그렇게 만물을 왕처럼 다스리다 보면 자신들이 이 세상에서 가장 높은 존재가 된 것 같은 착각이 들었을 것입니다. 자신들과 하나님 사이에 무슨 차이가 있을까 하는 생각이 들었을 것입니다. 그러나 아담과 하와가 선악을 알게 하는 나무 앞에 설 때면 깨닫게 되는 것이 있었습니다. '그 열매를 먹지 말라.'는 하나님의 명령과 함께 하나님과 자신 사이에는 건널 수 없는 간격이 있음을 깨달았습니다(창 2:17). 자신들은 하나님 손으로 지어진 피조물에 불과하다는 사실을 선악을 알게 하는 나무가 알려 주었던 것입니다. 그러니 선악을 알게 하는 나무는 피조물을 피조물의 자리에서 행복하게 하시려는 하나님의 은혜의 방편이었습니다.

둘째로 문화에 관한 명령입니다. 이것은 인간의 노동과 관련된 것이기에 '노동 명령'이라고도 합니다. 이 명령은 사람과 만물의 관계에 관한 명령입니다. "생육하고 번성하여 땅에 충만하라, 땅을 정복하라, 바다의 물고기와 하늘의 새와 땅에 움직이는 모든 생물을 다스리라"(창 1:28). '생육하고 번성하여 땅에 충만하라.'는 계명은 인류의 육체적인 번식에 관한 명령이고, 뒤에 나오는 '땅을 정복하라, 바다의 물고기와 하늘의 새와 땅에 움직이는 모든 생물을 다스리라.'는 명령은 하나님께서 이 세계를 창조하실 때 의도하셨던 목적을 이루는 일과 관련되는 것으로 남성과 여성을 고려한 명령이라고 할 수 있습니다.

생육하고 번성하라

하나님께서는 아담에게 '생육하고 번성하라.'는 명령을 주셨습니다. 이것은 이 땅에서 이루어질 인류의 번성에 관한 명령입니다. 그런 점에서 이 명령은 또한 얼마 후에 창조될 하와에게도 주시는 명령이었습니다.

아담은 그의 아내를 '하와'(창 3:20)라고 불렀습니다. '하와'는 곧 '생명'이라는 뜻입니다. 이는 아담이 생육과 번성이 하와와 함께 이루어질 것임을 알고 있었음을 보여줍니다. 남성들은 여성을 신비한 눈으로 바라보아야 합니다. 이는 여성이 가지고 있는 아주 놀라운 특성 때문입니다. 그것은 바로 여자의 몸 안에 생명의 터전이 있다는 것입니다. 여자는 아이를 잉태하고 온전한 인간으로 출산합니다. 이런 능력은 오직 여자에게만 있습니다. 물론 여자 혼자서는 그 일을 할 수 없고 남자의 도움을 받아야 합니다.

정말 놀랍지 않습니까? 무(無)로부터 유(有)가 창조되듯이, 여자의 몸 속에서 '있지 않았던' 인간이 만들어집니다. 하나님을 사랑하고 세계를 알며 다른 인간을 돌보고 섬길 수 있는 지성과 의지, 감성을 지닌 또 다른 인간이 생산되고 그들이 자라서 또다시 자기와는 다른 사람들을 생산함으로써 인류는 이 땅에서 번성해 갑니다.

그런 점에서 보면 여성은 하나님께서 부여하신 위대한 '생명의 담지자(擔持者)'입니다.

정복하라, 다스리라

하나님께서는 최초의 인류인 아담과 하와에게 '정복하고 다스리라.'는 명령을 주셨습니다(창 1:28). '정복'이라는 것은 아직 자신의 지배권이 미치지 못하는 지역을 확장해서 통치권을 행사하는 것을 말합니다. 이 일에는 모험과 개척 정신, 용기와 투지, 결단과 희생이 요구됩니다. 그리고 뒤에 나오는 '다스리라.'에 해당하는 히브리어 동사의 원형은 라다인데, 통치자가 나라를 다스리는 것을 의미합니다(시 68:27, 겔 29:15). 또한 하나님께서 선으로써 만물을 다스리는 것을 의미하기도 합니다(시 110:2).

훌륭한 임금은 어떤 사람일까요? 백성에게 존경과 사랑을 받는 임금은 어떤 모습일까요? 그는 백성의 생명과 안전을 위협하는 적들로부터 백성을 보호하기 위해서 때로는 전쟁에 참여하는 강한 군인이어야 합니다(삼상 17:26). 왕국의 유익을 위해서 때로는 자신의 생명은 물론 국운을 건 전쟁까지도 불사할 수 있어야 합니다. 그런가 하면 미개척 땅을 개척하여 나라의 영토를 넓힐 수 있어야 합니다(수 1:4). 이를 위해서는 과감한 결단과 용기, 분투하는 노력, 위험을 무릅쓰는 도전 정신이 필요합니다(삼상 18:17 참고). 이것이 군주에게 요구되는 남성성입니다.

그러나 좋은 군주가 되기 위해서는 그것만으로는 부족합니다. 그에게는 백성이 어떤 일로 고통을 받고 아파하는지를 헤아리는 섬세함도 필요합니다(삼하 23:16). 백성의 아픔을 자신의 아픔으로 여기고 백성의 눈물을 닦아 줄 수 있는 어머니와 같은 따뜻함이 필요합니다(왕하 13:14).

이것이 군주에게 요구되는 여성성입니다. 이처럼 부성과 모성이 절묘하게 결합되어 탁월한 지혜와 사랑으로 나라를 다스리는 사람이 뛰어난 임금입니다.

하나님께서는 남자와 여자에게 공통적인 인간의 본성을 주셨으면서도 또한 각각 다르게 창조하셨습니다. 즉 남자와 여자에게 각각 고유한 특성을 부여하심으로써 둘이 부부의 결합으로 조화를 이루어 하나님께서 이 세계를 창조하신 목적을 이루어 가도록 하셨습니다.

대체로 남성들은 호기심과 모험심이 많습니다. 또한 진취적이고 성취 지향적이어서 새로운 비전을 바탕으로 끊임없이 밖으로 뻗어 나가려고 합니다. 이와 대조적으로 여성들은 대체로 관계 지향적이고 내면 지향적입니다. 그래서 여성들은 이미 정복하고 개척한 땅들을 잘 가꾸고 돌보며 아름답게 하는 일을 즐거워합니다. 남편들은 어떻게 하면 큰돈을 벌어서 큰 집 혹은 더 넓은 땅을 소유할 것인가에 관심이 많지만, 아내들은 앞뜰에는 작은 꽃을 심고 건넛방에는 예쁜 커튼을 달아서 아이 방을 어떻게 꾸며 줄 것인가에 더 많은 관심이 있습니다(물론 전혀 그렇지 않은 여성들도 있습니다). 대체로 관계 지향적이고 내적인 일들은 여성들을 중심으로 일어나고, 밖으로 뻗어 나가는 일들은 남성들을 통해서 성취됩니다. 이 두 가지가 균형을 이루어 갈 때 가정은 온전해져 갑니다.

하나님께서는 이처럼 남성과 여성을 다르게 창조하셨습니다. 이것은 서로의 부족한 부분을 채워 주기 위함이었습니다. 인류가 타락하기 전에는 서로가 달랐기 때문에 서로에게 놀라운 만족을 주었을 것입니다. 내게 없는 것이 저 사람에게 있고, 저 사람에게 없는 것이 자신에게 있었을 테니까요. 이러한 사실을 알고 남녀가 서로를 위하면서 사는 것이 부부 생활입니다. 인간이 타락했음에도 불구하고 가정에 대한 하나님의 경륜은 계속됩니다.

맺는 말

어린 남자아이와 여자아이의 놀이 과정을 지켜보십시오. 남자아이들은 방패, 칼, 총으로 싸움놀이를 하거나 활동성 있는 놀이에 관심이 많은 반면에 여자아이들은 소꿉놀이, 인형옷 갈아입히기, 그림 그리기 등을 하면서 어린 시절을 보냅니다. 그리고 성장한 뒤에도 이러한 남녀 간의 관심사에는 차이가 있습니다.

이지스 시스템(AEGIS System)은 목표를 탐색하고 추적, 공격하여 파괴하는 것까지의 전 과정이 하나의 시스템에 포함된 것을 말하는데, 우리나라는 2007년에 취역한 세종대왕함이 이지스 시스템을 갖춤으로써 세계에서 다섯 번째로 이지스함을 소유한 나라가 되었습니다. 이지스 레이더 시스템은 마하 8이상의 빠른 속도로 나는 북한의 스커드 등 탄도 미사일을 포함한 비행 물체를 동시에 탐지하고 추적할 수 있으며, 장거리 미사일은 1,054km 밖에서 날아오는 것을 탐지해 요격할 수 있다고 합니다. 남성들은 이런 것을 좋아합니다. 대다수의 남성들은 개발

된 신무기의 구체적인 성능에 관심이 많습니다. 그러나 여성들은 이런 것에는 별로 관심이 없지만 결혼기념일은 잊어버리지 않습니다. 지구 온난화 때문에는 밤잠을 설치지 않아도 앞뜰에 심은 채송화, 봉숭아를 보면서 기뻐하며 즐거워합니다. 아내들이 상처받는 것은 어마어마하게 큰일 때문이 아닙니다. 그녀가 중요하게 생각하는 작은 일 때문에 상처를 받습니다. 이것이 일반적인 남녀의 차이입니다.

남성은 결혼하기 전까지는 한 여성에게 마음을 쏟아부으며 모든 것을 헌신하지만 가정을 이루고 나면 이제 가정을 넘어서 가정 밖으로 뻗어 나가려고 합니다. 그래서 어떻게 하면 이 세상에서 번영할 수 있을까를 생각합니다. 이에 비하여 여성은 결혼하기 전까지는 마음이 분산되어 있다가도 결혼을 하면 남편과 자녀에게 그 마음이 집중되어 가정을 보살피기 시작합니다.

죄의 영향이 아니라면 남녀의 이러한 차이는 하나는 구심력으로, 다른 하나는 원심력으로 작용하면서 질서 있는 가정을 이루게 하고 가정 밖의 세계와도 올바른 관계를 이루게 하였을 것입니다. 하지만 죄가 들어온 후 남성들은 밖으로 뛰어나가려는 자연적인 습성 속에서 아내를 멸시하고 무시합니다. 그리고 아내는 밖으로만 뻗어 나가려는 남편을 못마땅해 하며 가족에게 더 많은 관심을 보일 것을 요구합니다.

그래서 남편과 아내에게는 서로의 다름을 인정하는 일이 먼저 요구됩니다. 그뿐만 아니라 다름을 넘어서서 상대방에게 결점이 보이면 이렇게 생각할 수 있어야 합니다. '하나님께서 저 결점을 보충하라고 나를 짝지어 주셨구나!' 이렇게 생각하기 위해서는 앞서 설명한 지식과 함께 하나님의 은혜가 필요합니다. 만약에 하나님의 은혜로 배우자를 참고 용납한다면 그는 그 과정을 통해서 죄로 인해 파괴된 자신 안의 하나님의 형상을 회복하며 점점 더 온전한 인간으로 변화될 것입니다 (갈 2:20).

그러나 남편과 아내 모두에게 그것은 그리 쉬운 일이 아닙니다. 그래서 우리에게는 하나님의 은혜가 필요합니다. 특히 타락한 이후에는 서로의 다름을 용납할 수 없는 편협함과 이기심이 우리의 본성 속에 자리 잡고 있기에 더더욱 은혜가 필요합니다. 그러므로 하나님을 사랑하는 마음으로 서로의 다름을 인정하고 상대방이 온전한 사람이 되도록 섬기십시오. 그 일을 통해서 자신도 온전해져 갈 것입니다. 그리고 가정도 더욱 온전해질 것입니다.

적용과 실천을 위한 나눔

1장 남자와 여자로 지으시다

결혼한 이들에게

우리는 가정의 평화를 이루어 보려고 애썼던 경험들이 많습니다. 당시에는 그것이 최선이라고 여겼지만 지금 성경에 비추어 보니 그릇된 평화였다는 생각이 드는 것이 있다면 나누어 봅시다.

배우자가 나의 돕는 배필 혹은 내가 배우자의 돕는 배필로 느껴진 적이 있다면 언제였는지 나누어 봅시다.

남녀의 성향과 기질이 다름에 대한 이해가 부족하여 부부 사이에 갈등이나 다툼이 일어난 경우가 있다면 나누어 보고, 남자와 여자는 물론 각 사람마다 다르게 창조하신 하나님의 경륜에 대해 생각해 봅시다.

자신의 배우자에게 미안하거나 고맙다고 느낀 부분이 있다면 함께 나누어 봅시다.

결혼하지 않은 이들에게

내가 바라는 남성상 혹은 여성상과 내가 꺼리는 남성상 혹은 여성상을 이야기해 보고 왜 그렇게 생각하는지 서로의 의견을 나누어 봅시다.

하나님께서는 남성과 여성을 서로 다르게 창조하셨습니다. 학교나 직장에서, 교회의 공동체 안에서 남성과 여성의 다름으로 인해 당황스러웠던 경험이 있다면 나누어 봅시다.

하나님께서 여러분에게 주신 특별한 성향은 무엇입니까? 자신이 잘하는 것은 무엇이고 잘못하는 것은 무엇인지, 다른 사람에 대해 잘 참아 줄 수 있는 것은 무엇이고 잘 참아 줄 수 없는 것은 무엇인지 나누어 봅시다.

아담이 이르되 이는 내 뼈 중의 뼈요 살 중의 살이라 이것을 남자에게서 취하였은 즉 여자라 부르리라 하니라 이러므로 남자가 부모를 떠나 그의 아내와 합하여 둘이 한 몸을 이룰지로다 창 2:23-24

2장   가정을 세우는 원리

부부, 가정의 기초

아내와 어머니가 물에 빠졌는데 한 사람만 구할 수 있다면 누구를 구하겠습니까? 이 문제에 대해 조선 시대의 윤리는 어머니를 구하는 것이 마땅하다고 규정합니다. 어머니는 한 분뿐이지만 아내는 다시 결혼해서 새로 얻을 수 있다고 생각하는 것이 유교적인 가치관이기 때문입니다.

전통적으로 유교 사상의 영향을 받은 우리나라는 가정의 기초를 부모와 자식의 관계에 두었습니다. 그래서 부모와 자식의 관계는 '천륜'(天倫)이라는 말로 표현하였고, 아내와 남편의 관계는 '인륜'(人倫)이라는 말로 표현하였습니다.

이러한 사상은 기독교 신앙과는 정면으로 충돌합니다. 성경이 가정의 기초를 남편과 아내의 연합으로 규정하고 있기 때문입니다(창 2:24). 그리스도인이 되었으면서도 잘못된 사상을 무너뜨리고 올바른 사상을 세우지 않는다면 성경적인 가정의 기초를 바로 세울 수 없습니다(렘 1:10). 그렇다고 부모나 자식이 중요하지 않다는 것은 아닙니다. 모두 중요한 관계임에는 틀림없지만 그것이 가정을 이루는 기초는 아니라는 것입니다. 가정의 기초는 남편과 아내입니다. 부부가 있음으로 자녀가 생겨나고, 자녀가 생겨나기에 부모가 되는 것입니다.

가정의 기초인 부부 관계를 올바로 세우려면 결혼부터 바르게 이루어져야 합니다. 하나님께서는 아담과 하와를 창조하셔서 두 사람이 부부가 되도록 하셨습니다. 그 결혼에 대한 구체적인 말씀이 본문에 나옵니다. "이러므로 남자가 부모를 떠나 그의 아내와 합하여 둘이 한 몸을 이룰지로다"(창 2:24). 이 말씀은 결혼에 대한 원리를 가장 분명하게 보여줍니다. 그러므로 이 말씀을 중심으로 가정을 세우는 원리를 생각해 보려고 합니다.

사랑으로 세우는 가정

가정을 세우는 첫 번째 원리는 '사랑'입니다. 본문의 "이러므로"라는 말 앞에는 아담의 사랑 고백이 나옵니다. "이는 내 뼈 중의 뼈요 살 중의 살이라 이것을 남자에게서 취하였은즉 여자라 부르리라"(창 2:23). 아담의 사랑 고백이 먼저 있었습니다. 그 후에 둘은 부부가 되었습니다. 우리는 이 말씀을 통해서 결혼은 사랑이 기초가 되어야 이루어지는 일임을 알 수 있습니다.

아담의 사랑 고백인 '뼈 중의 뼈요 살 중의 살'이라는 표현은 히브리 어법에서 '최상의 것'을 의미합니다. 이것은 다음과 같은 뜻입니다. "너는 비록 내 몸의 일부로 만들어졌으나 남아 있는 내 몸의 모든 부분보다 귀하고, 남아 있는 내 몸의 모든 요소보다 더욱 소중하다. 너 없이는 나의 생명도 없다!" 아담이 하와에게 이렇게 고백할 수 있었던 것은 그에게 하와를 향한 사랑이 있었기 때문입니다. 이것은 결혼에서 가장 중요한 원리가 사랑임을 보여줍니다. 결혼은 사랑을 토대로 이루어집니다.

하나님께서는 남편과 아내가 서로를 '**뼈 중의 뼈요 살 중의 살**'이라고 여기기를 바라셨습니다. 그러나 현실에서의 부부는 오히려 서로의 인생을 힘들게 하는 존재가 되는 경우가 많은데 이것은 한 가지를 잃어버렸기 때문입니다. 그것은 바로 서로 사랑하며 살아가는 삶입니다. 얼마 전 세간에 유행하던 다음의 이야기는 오늘날의 부부 관계가 얼마나 무너져 있는지를 보여줍니다.

아내 없이 혼자 사는 남성은 평균 수명보다 5년 더 빨리 죽는다. 그런데 정작 아내가 있는 남성 중에는 죽고 싶은 사람이 많다고 한다. 여성도 남편 없이 혼자 살면 남편이 있는 여성보다 더 일찍 죽는다. 그런데 남편과 함께 사는 여성 중에는 암에 걸리는 아내가 많다고 한다.

결혼을 할 때 사랑은 매우 중요한 조건입니다. 그래서 서로가 결혼할 만한 최적의 조건을 갖추었다고 하더라도 사랑하지 않는다면 결혼할 수 없습니다. 물론 사랑한다고 해서 모든 사람이 사랑하는 사람과 결혼할 수 있는 것은 아닙니다. 이러한 성경적 견해에 비추어 볼 때 사랑에 기초하지 않은 정략적인 결혼, 즉 상대방의 어떠한 소유나 명예, 그 사람과 결혼했을 때 누릴 이익에 대한 기대로 결혼하는 것은 모두 잘못된 것입니다. 그것은 하나님께서 세우신 결혼 제도에 대한 중대한 도전이고 모욕입니다(창 34:8-10 참고).

인격적인 사랑으로

결혼의 전제가 되는 사랑은 두 사람 사이의 인격적인 사랑입니다. 아담이 한순간에 이성(異性)의 아름다움에 눈이 멀어서 하와에게 사랑을 고백한 것이 아니었습니다. 하와를 향한 그의 사랑은 충동적인 연애 감정을 뛰어넘는 것이었습니다. 이성에 대한 열렬한 감정보다 더 순수하고 깊이가 있으며 하나님을 아는 지식과 아가페의 사랑에 맞닿아 있는 그런 사랑이었습니다.

아담은 하와에게 깊은 사랑을 느꼈지만 그녀를 사랑했기에 하나님의 사랑으로부터 멀어지지는 않았습니다. 그는 하와를 향한 사랑에 빠진 상태에서도 여전히 하나님을 사랑하고 있었으니 이는 하나님의 은혜에 의해서 통제되는 사랑이었습니다. 적어도 그가 창조되었을 때의 온전함과 순결함을 유지하고 있는 동안에는 그러했습니다.

우리는 성경에서 잘못된 사랑 때문에 비참한 인생을 산 사람들을 만납니다. 삼손이 바로 그러한 경우입니다.

그는 여인 들릴라를 사랑했습니다(삿 16:4). 삼손은 들릴라를 향해서 솟구치는 애정과 열정을 느꼈습니다. 그러나 그 사랑은 하나님의 은혜에 의해서 통제되는 사랑이 아니었습니다. 더욱이 들릴라는 율법으로 이스라엘 남자들에게 결혼이 금해진 이방 여인이었습니다(삿 16:4). 또한 그녀는 블레셋 사람들에게 매수되어 삼손을 파멸시키기 위해 끊임없이 애쓰던 사람이었습니다(삿 16:5, 17-18). 그런데도 삼손의 사랑은 좀처럼 수그러들지 않았습니다. 오히려 더더욱 치솟아 올랐습니다(삿 16:16).

들릴라를 향한 삼손의 사랑은 뜨거웠지만 그 고백 안에는 하나님이 계시지 않았습니다. 사랑이라는 이름 아래 타오르는 욕망을 가진 남자가 있었을 뿐입니다. 그러나 아담의 사랑은 이것과는 달랐습니다. 하나님을 향한 사랑이 기초가 된 사랑이었습니다.

청교도들은 자신의 배우자를 고를 때 일생 동안 연애하면서 살아야 할 로맨스의 대상을 찾지 않았습니다. 오히려 좋은 신앙의 동지를 구하는 마음으로 미래의 아내와 남편을 찾았습니다. 그들은 서로를 하나님의 형상을 지닌 소중한 존재로 인정하였고, 같은 신앙을 추구하는 동지로서 평생 동안 그리스도 안에서 부부의 사랑을 가꾸어 가야 한다고 생각했습니다. 그리하여 그들에게는 서로가 그리스도를 믿는 신자여야 한다는 것이 결혼의 절대적인 조건이었습니다.

청교도들은 부모나 주변의 목회자, 어른들이 추천하는 배우자감과 선을 보고 결혼 여부를 결정하였지만 그 마지막 선택은 언제나 당사자들의 몫이었습니다. 그들에게는 진리가 먼저였고, 결혼은 그 다음이었습니다. 진리가 있는 그곳에 진리를 나누며 함께 걸어가는 신앙의 동지가 있고, 거기에 남편과 아내의 항구적인 사랑의 연합이 있다고 여겼기 때문입니다.

청교도들은 배우자가 될 사람의 조건 중에서 신앙을 가장 중요하게 생각했습니다. 배우자를 선택함에 있어서 함께 하나님을 사랑하며 그분을 섬기는 생활을 할 수 있는지가 가장 중요하였기 때문입니다. 그리고 그 다음으로 성품을 고려하였습니다. 일평생을 친구처럼 신뢰하며 인생길을 걸어갈 수 있는 사람인지를 살폈습니다. 그들은 부부간의 사랑이 단번에 완성되는 것이 아니라 일생 동안 함께 추구하며 이루어 가야 할 원대한 목표라고 생각했습니다. 진정 그들은 좋은 신앙의 동지를 구하는 마음으로 배우자를 선택했습니다.

오늘날 많은 아내들은 남편이 자기를 로맨스의 대상으로 봐 주지 않는다고 상심하거나 남편을 의심합니다. 그러나 남편이 자신을 사랑해 주지 않는다고 불평하는 것만큼 어리석은 일은 없습니다. 자신을 사랑해 주지 않는다는 아내의 투정 어린 불평을 들으면서 자신의 사랑이 부족하다는 사실을 반성하는 남편이 과연 몇 명이나 될까요? 오히려 대부분의 남편들은 아내의 그런 불평을 잔소리보다도 더 싫어합니다. 부부 관계를 사랑과 신뢰로 깊어지게 하는 데 그런 불평은 전혀 도움이 되지 않습니다.

아담을 보십시오. 아담은 하와를 보면서 그녀가 자신의 몸으로부터 취하여졌고, 그래서 둘이 한 몸이라는 사실에 감격하면서 깊은 애정을 느꼈습니다. 부부 사이의 연애 감정에 대한 기대가 잘못되었다고 말하는 것이 아닙니다. 아담의 고백 속에서 우리는 연애 감정 이상을 읽어낼 수 있어야 한다는 것을 말씀드리고자 함입니다.

연애 감정은 남녀를 묶어서 부부 관계로 데리고 가는 수단입니다. 결혼을 하기 전에 남자가 여자를 보면 여자로 느껴지고, 여자가 남자를 보면 남자로 느껴져야 합니다. 남자를 만났는데 목회자처럼만 느껴지고, 여자를 만났는데 길 잃고 방황하는 어린 양처럼만 느껴진다면 어떻게 부부가 될 수 있겠습니까?

결혼을 하기 위해서는 연애 감정이 필요합니다. 하지만 그런 사랑이 부부가 느껴야 하는 사랑의 전부는 아닙니다.

순간적으로 느끼는 연애 감정은 부부로 살면서 만나는 많은 시련과 힘든 일들, 서로를 용서하고 이해하기 위해 치르는 고통, 상대방의 가족과의 관계 속에서 느끼는 어려움을 함께 헤치며 살게 하지는 못합니다. 세상의 유행가는 남녀가 뜨겁게 사랑하면 어떠한 문제라도 해결하면서 살 수 있을 것처럼 노래하지만 사실은 그렇지 못합니다. 부부가 함께 어려움을 극복하면서 살기 위해서는 연애 감정을 능가하는 깊은 인격적인 사랑이 있어야 합니다.

톨스토이(Lev N. Tolstoy, 1828-1910)는 자신의 책 『행복』(Family Happiness)에서 남녀 사이의 애정 표현의 변화에 대해 말했습니다. 나이에 따라서 그 나름대로의 사랑의 표현이 있다는 것입니다. 10대는 연애하면서 그 나름의 방식으로 사랑을 표현합니다. 20대는 10대와는 또 다른 방식으로 사랑을 표현합니다. 그렇기에 결혼하여 20대, 30대, 40대를 지나면서 부부 사이에 나누는 사랑의 표현도 변화되어야 한다는 것입니다. 그리고 사랑 표현이 연령대별로 다른 것처럼 사랑을 확인하는 방식도 30대, 40대는 10대, 20대와는 달라야 한다는 것입니다. 그래서 톨스토이는 결혼하여 함께 살아갈수록 부부는 좋은 친구처럼 인격적인 사랑을 나누는 관계가 되어야 한다는 것을 강조하였습니다.

이런 인격적인 사랑은 한순간에 완성되는 것이 아닙니다. 하나님 앞에서 성숙해지고 온전해지고자 끊임없이 노력하는 과정을 통해서 이루어지는 사랑입니다.

우리가 하나님 앞에 깨어지고 자신이 얼마나 쓸모없는 사람인지를 알고 나면 다른 사람을 사랑할 수 있는 힘이 생깁니다. 그 은혜의 힘으로 용서할 수 없는 사람을 용서하고 용납할 수 없는 사람을 용납합니다. 그리고 사랑할 수 없는 사람을 사랑할 수 있는 사람이 되어 갑니다. 그래서 한 사람을 온전히 사랑해 보지 못한 사람은 자신이 얼마나 불완전하고 나쁜 사람인지를 잘 모릅니다. 하나님 앞에 서는 그 과정에서 무수한 자기 깨어짐을 경험하는데 그것이 없기 때문입니다. 이처럼 하나님의 사랑으로 인한 자기 깨어짐의 세계가 있어야 부부 사이의 인격적인 사랑이 지속될 수 있습니다.

남자가 부모를 떠나는 가정

가정을 세우는 두 번째 원리는 '독립'입니다. "남자가 부모를 떠나"(창 2:24). 결혼에 소명을 받은 남녀가 서로를 사랑할 때 결혼이 이루어지는데, 결혼을 한다는 것은 부모를 떠나는 것을 전제로 합니다. 여기서 '떠나다.'에 해당하는 히브리어는 아자브로, 이 단어의 정확한 의미는 '버리다.' 입니다(창 2:24). 결혼은 남자가 부모를 버림으로써 이루어진다고 성경은 말하고 있는 것입니다. 그러나 이 말은 결혼하고 나면 부모에 대해 아는 체도 하지 말고 아무 상관도 하지 말라는 뜻이 아닙니다. 결혼과 함께 남녀가 자신들의 부모로부터 독립해야 함을 의미합니다.

결혼을 하면 자녀는 부모에게서 떠나야 합니다. 그리고 그 일의 주도권은 남자가 쥐고 있습니다. 그렇기에 가장이 된 남편에게 가정의 원리를 바로 이해하고 그 방향으로 가정을 이끌어 가려는 의지가 없다면 그가 아무리 좋은 아내를 만났다고 하더라도 올바른 가정을 이루기 쉽지 않을 것입니다. 그래서 성경은 남자에게 부모를 떠나라고 말합니다.

아이가 태어나서 처음 경험하게 되는 사회는 어머니의 품입니다. 어머니의 얼굴은 아이가 만나는 첫 번째 세상입니다. 그리고 어머니의 어깨 너머로 아버지를 만납니다. 아이는 독자적인 눈으로 세상을 볼 수 있는 능력도 없고, 부모를 밀치고 직접 세상을 경험할 수도 없습니다. 아이는 부모와의 만남을 통해 최초의 사회를 경험하며 부모와의 만남이라는 렌즈를 통해 세상을 봅니다. 이처럼 부모는 아이에게 절대적인 영향력을 미치는 존재이기 때문에 아이는 부모에게 깊이 의존되어 있습니다. 그러나 자녀가 성인이 되어 결혼을 하게 되면 부모로부터 정신적으로 독립하여 자기의 가정을 꾸려야 합니다. 즉 자녀는 결혼을 하면 그동안 심리적으로 부모에게 기댔던 삶으로부터 떠나, 부모와 어느 정도 심리적인 거리를 두고 살아야 합니다.

어떤 남편은 집안일을 아내와 상의하지 않고 어머니와 상의한다고 합니다. 아내의 말은 잘 듣지 않으면서도 어머니의 말이라면 고분고분 모두 따르는 마마보이 같은 남편도 있다고 합니다. 남편의 월급은 시어머니의 통장으로 들어가고 아내가 용돈처럼 돈을 타 쓰는 경우도 있습니다. 또한 어떤 아내는 부부 싸움을 하고 나면 친정으로 가 버립니다. 이것은 결혼한 후에도 두 사람이 유아기적인 부모 의존의 심리를 벗어나지 못했기 때문에 일어나는 일입니다. 이러한 것들은 모두 결혼의 원리에 어긋납니다.

어느 시어머니가 아들 집을 방문해서 며느리와 다투었습니다. 며느리가 손자를 사립학교에 입학시키려고 하는데 그것이 못마땅하였던 것입니다. 며느리는 자신의 아이에게 좀더 좋은 교육을 받게 하고 싶어 했지만 시어머니는 자신의 아들이 뼈 빠지게 고생해서 번 돈을 왜 그렇게 낭비하느냐고 몰아세웠습니다. 그러나 시어머니의 이런 태도는 성경의 정신과 어긋납니다. 이미 장가를 보내서 따로 살림을 차린 한 가정이기에 그런 식으로 자녀의 살림에 부모가 관여하는 것은 옳지 않습니다. 그 시어머니가 좀더 지혜롭고 관대하게 행동했으면 좋을 뻔했습니다. "살림도 넉넉하지 않은데 우리 손자 교육에 그토록 열심을 내다니 대견스럽구나. 이거 얼마 안 되지만 입학금에 보태거라."

가정을 이룬 자녀도 집안에 크고 중대한 일이 생기면 부모와 의논할 수 있습니다. 그러나 최종적인 결정은 언제나 당사자가 하는 것입니다. 그렇기 때문에 신앙적으로 옳고 그름의 문제를 제외하고는 부모의 충고는 항상 충고로 그쳐야 합니다. 설령 자녀가 자신의 충고대로 안 따른다고 해도 부모는 자녀를 향해 서운한 감정을 품거나 분노하지 말아야 합니다.

뿐만 아니라 자녀는 결혼을 하게 되면 물질적으로도 부모로부터 독립해야 합니다. 자녀가 결혼을 하면 부모와 떨어져 사는 것이 이상적이지만, 어떠한 사정이 생겨 부모와 함께 살아야 하는 경우에도 경제나 가계의 모든 생활은 독립되어 있어야 합니다.

자녀가 부모에게 용돈을 드릴 수는 있지만 부모가 자녀 집안의 지출과 수입을 모두 알 필요는 없습니다. 그러므로 불가피한 경우가 아니라면, 결혼 후에 자녀는 부모로부터 경제적인 도움을 받지 말아야 합니다. 부모로부터 경제적인 도움을 지속적으로 받아야 하는 상황이라면 아직 결혼할 만큼 사회적으로 성숙하지 못한 것입니다.

부모의 물질적 도움은 결혼할 때까지 받는 것으로 족합니다. 그런데 어떤 자녀는 결혼하고 나서도 경제적으로 부모에게 기대는 습관을 버리지 못합니다. 부모의 재산에 눈독을 들이기도 하고 경제적으로 어려움이 생기면 부모에게 가서 징징거리기도 합니다. 또한 어떤 어머니는 남편을 속여서라도 자녀에게 물질을 갖다 주려고 합니다. 이런 태도는 모두 성경이 말하는 참다운 결혼의 원리를 따르는 모습이 아닙니다.

부모도 자녀를 떠나야

결혼 생활을 꽤 오래 했음에도 불구하고 부부간의 인격적인 연합을 온전히 이루지 못한 부모는 대체로 자신의 자녀에게 비정상적으로 집착합니다. 그러한 집착은 자녀의 부부 사이의 연합에도 걸림돌이 됩니다. 그러므로 결혼함으로써 자녀가 부모를 떠날 뿐만 아니라 부모도 자녀를 떠나보내야 합니다.

부모는 아이를 하나님의 창조의 목적대로 사는 사람으로 자라도록 돌볼 책임을 하나님께로부터 부여받았습니다. 그래서 부모는 자녀를 깊이 사랑하고 최선을 다해 길러야 합니다. 하지만 그것은 성인이 될 때까지입니다. 부모는 아이가 어렸을 때는 충분히 사랑해 주고 교육시키며 돌봐 주지만 그 아이들을 평생 품에 끼고 살아야겠다는 생각은 버려야 합니다. 그렇기 때문에 자녀에게 과도하게 기대하지 말아야 합니다. 지나친 집착은 하지 말아야 합니다. 더욱이 자녀를 통해 편안한 노후를 보내야겠다는 생각은 버려야 합니다. 이러한 태도는 자신의 가정뿐만 아니라 자녀의 가정까지도 망치는 일입니다. 마땅히 부모는 자녀를 향해 너희들이 결혼할 때까지는 돌봐 줄 것이며 그것으로 족하다고 생각해야 합니다.

요즘은 현관문이 번호키로 되어 있는 집이 많습니다. 부모는 결혼한 자녀의 집의 현관문 비밀번호를 굳이 알려고 하지 말아야 합니다. 자녀가 현관문의 비밀번호를 가르쳐 주지 않는다고 하더라도 서운해 하지 말아야 합니다. 부모가 자녀의 집을 방문할 때는 자녀가 집에 있는 시간에 미리 약속을 하고 나서 가야 합니다. 자녀의 집을 마치 자신의 집인 것처럼 아무 때나 들이닥쳐서는 안 된다는 것입니다. 자녀의 집이지만 이미 결혼하여 한 가정을 이룬 만큼 남의 집이라고 생각하고 방문하여야 합니다.

물론 자녀에게는 부모를 사랑하고 공경할 의무가 있습니다(출 20:12). 그리고 아무리 결혼했다고 하더라도 자녀가 잘못 살면 부모에게는 성경과 인간의 도리를 따라 책망하고 권고할 권리가 있습니다. 그러나 자녀의 가정 문제에 정도 이상으로 깊이 개입하여 '직장을 어디로 옮겨라.', '아이는 몇 명을 낳거라.', '아이에게 과외를 시켜라.' 등의 간섭은 부모의 분량을 넘어서는 것입니다. 어머니가 자녀의 집에 와서 부엌을 뒤지고 냉장고를 열어 보면서 '살림을 이렇게 해라, 저렇게 해라.' 간섭하는 것도 옳지 않습니다. 심지어 어느 어머니는 아들네 집을 방문할 때면 자신은 아들과 안방에서 함께 자고 며느리는 건넛방에서 자게 한다고 하니 이러한 현상은 어머니와 자식이 정신적으로 독립되지 않았기 때문에 나타나는 것입니다. 이런 태도는 자신과 자녀와의 관계를 어렵게 할 뿐만 아니라 며느리나 사위와의 관계도 힘들게 만듭니다. 그리고 사랑하는 자녀가 인격적으로 연합된 부부 생활을 하지 못하도록 수시로 방해합니다.

　이처럼 부모를 떠난다는 것은 결혼과 함께 부모로부터의 심리적, 경제적인 독립을 하는 것을 의미합니다. 만약 부모로부터 온전히 독립하지 못한 남자와 여자가 결혼한다면 결국 그들은 부부간의 온전한 인격적 연합을 이루지 못할 것입니다.

그의 아내와 합하는 가정

　가정을 세우는 세 번째 원리는 '연합' 입니다. "그의 아내와 합하여 둘이 한 몸을 이룰지로다"(창 2:24). 여기서 '한 몸'은 히브리어 성경에 바사르 에하드로 표현되었는데, 에하드는 '하나' 라는 의미이고, 바사르는 '몸' 혹은 '살'(肉)을 가리킵니다. 그런데 이 몸은 단순히 우리의 눈에 보이는 물리적인 육체를 가리키는 것이 아닙니다. 하나님의 형상대로 지음받은 영적이고 정신적인 특성을 가진 몸을 가리킵니다.

　또한 '합하여' 라고 번역된 히브리어 단어는 다바크인데, 이는 '붙어 있는 것' 을 의미합니다. 남편과 아내의 두 몸이 붙어서 한 몸이 된다는 것입니다. 이것이 부부의 연합입니다.

　부부 사이의 이러한 연합은 세속적인 연합과는 다릅니다. 우리 주위에는 하나님보다 사람을 더 많이 의지하고 세상을 더 사랑하는 사람이 있습니다. 하나님의 뜻에서 멀어진 이러한 연합의 감정은 다른 사람들과의 연합을 느끼면 느낄수록 하나님을 느끼지 못하게 합니다. 그러나 그리스도 안에 있는 아름다운 부부의 연합은 그 연합 안에서 하나님의 사랑을 더 선명하고 풍성하게 느끼게 합니다.

이러한 연합은 부부의 육체적인 연합, 멀리 떨어져 있으면 보고 싶고 그 사람에게 기대어 어떤 자양분을 받고자 하는 정신적인 연합, 그리스도 예수 안에서 맺어진 영적인 연합을 포함하는 총체적인 연합을 가리킵니다.

육체적인 연합

육체적인 연합은 부부는 장소적으로 한곳에서 살아야 함을 말합니다. 부부는 한집에서 함께 살 뿐만 아니라 한방에서 지내도록 부름받았습니다.

사도 바울도 부부 사이에 기도하는 일 이외에는 방을 따로 쓰지 말라고 가르쳤습니다(고전 7:5). 요즘은 개인의 특수성이나 가정의 사정에 따라 이러한 방침이야 얼마든지 어길 수 있다고 생각하는 사회가 되었지만, 성경의 분명한 가르침은 부부는 장소적으로 한 공간 안에서 살아가야 한다는 것입니다.

어린 자녀를 공부시킨다고 멀리 해외로 조기 유학을 보내는 경우가 있습니다. 엄마와 아이들은 해외에 나가서 살고 아빠는 한국에서 직장을 다니며 다달이 돈을 보냅니다. 오랜 시간 떨어져 다른 문화권에서 살다 보면 가족 간의 관계가 소원해지기 마련입니다. 또한 한국에서 많은 돈을 부치면서 혼자 살아야 하는 기러기 아빠들의 외로움과 경제적 중압감은 견디기 힘들 정도입니다. 이것은 성경에서 가르치는 아름다운 가정의 모습이 아닙니다.

제가 아는 한 부부는 결혼식을 올리자마자 남편은 미국으로, 아내는 일본으로 유학을 가서 각자 생활을 하였습니다. 그리고 방학 때만 만나서 함께 시간을 보낸다고 하는데, 이러한 가정 생활도 권장할 만한 모범은 아닙니다.

부부 사이의 육체적인 연합이 보여주는 또 한 가지 요구는 부부가 성(性)을 통해 한 몸으로 연합되는 것입니다. 아우구스티누스는 결혼의 유익을 다음과 같이 세 가지로 제시하였습니다. 첫째로는 자녀를 낳기 위함입니다(말 2:15). 둘째로는 정욕을 피하기 위함입니다(고전 7:9). 마지막 셋째로는 부부의 성례전적인 연합을 위함입니다(고전 7:10-11). 육체적인 연합을 통해 부부는 서로가 한 몸으로 연합된 존재임을 확인하고, 이러한 인식은 부부의 정신적인 연합에 도움을 줍니다.

정신적인 연합

여러분은 인생을 살다가 어려운 일이 생기면 누가 먼저 생각납니까? 마음이 상하는 일이 생기면 누가 가장 보고 싶습니까? 누군가에게 소외받고 있어서 외롭다고 느껴질 때 누가 생각납니까? 견디기 힘든 고통과 아픔이 밀려올 때 누구와 함께 있고 싶습니까? 그 사람이 남편이고, 아내이어야 합니다. 그러므로 부부는 기쁜 날에도 슬픈 날에도 서로가 서로에게 보고 싶고 그리운 존재가 되어야 합니다. 이것이 성경적인 부부 관계입니다.

이렇게 서로가 서로를 깊이 그리워하고 보고 싶어하는 인격적인 연합을 하나님께서는 이 세상에서 단 한 사람에게만 허락해 주셨습니다. 그 사람이 바로 자신의 배우자입니다. 그래서 그 사람과의 관계에서 실패하면 다시는 그런 관계가 없습니다. 이와 같이 서로를 깊이 이해하고 마음이 통하는 관계는 남녀 간에 일시적으로 솟아오르는 **에로스적인** 사랑보다 훨씬 더 중요합니다.

정신적인 연합은 육체적인 연합보다 더 본질적입니다. 부부를 부부되게 하는 것은 육체적인 연합이 아니라 정신적인 연합입니다. 부부가 되었으면서도 서로가 집에 들어오는지 나가는지 아무런 관심이 없다면 그것은 성경에서 말하는 진정한 부부라고 할 수 없습니다. 부부는 같은 관심사를 공유할 뿐만 아니라 서로가 서로를 향하여 소속감과 책임감을 느껴야 합니다. 이 세상에서 자신을 가장 잘 이해하고, 그 어떤 경우에도 자신과 잡은 손을 놓지 않을 사람이 바로 자신의 배우자임을 확신할 수 있어야 합니다.

부부의 정신적인 연합은 서로가 서로에게 용납받을 수 있는 상대가 됨으로써 아주 특별하고 배타적인 관계를 가지는 것을 말합니다. 이는 저절로 이루어지는 것이 아닙니다. 우리가 사회에서 친구 한 사람을 사귀려고 해도 얼마나 많은 공이 들어갑니까? 젊은이들은 연애를 하면 모든 에너지를 그 한 사람에게 쏟아붓습니다. 그 관계를 유지하기 위해서 많은 시간과 돈을 들이고, 심지어 다른 사람과의 관계를 희생하기까지 합니다. 이처럼 다른 사람과의 관계를 맺는 일에는 많은 에너지가 필요합니다. 그리고 많은 노력 끝에 좋은 관계를 이루었다고 하더라도 그것으로 사랑의 끝은 아닙니다. 두 사람이 그 사랑을 계속 가꾸어 나가야 합니다.

그러므로 부부가 일생 동안 정신적인 연합을 유지하며 살기 위해서는 용서하고 화해하며 불쌍히 여기는 마음이 필요합니다(엡 4:32). 그러나 이 일은 무한한 사랑이 요구되는 것이기 때문에 인간의 능력으로는 할 수 없습니다. 하나님께서 공급해 주시는 사랑이 있어야 합니다. 그리하여 하나님을 더 잘 믿은 사람이, 그 사랑을 더 많이 깨달은 사람이 더 많이 양보하고 희생하면서 두 사람의 인격적인 연합은 형성되고 유지됩니다.

영적인 연합

결혼 제도는 죄가 없던 시대에 아담과 하와에게 주어졌습니다(창 2:24). 그들은 파괴되지 않은 하나님의 형상을 지녔고, 하나님을 아는 지식을 올바르게 소유하고 있었습니다. 즉 그들은 하나님을 잘 믿는 사람들이었습니다. 부부간의 정신적인 연합은 하나님을 잘 믿는 것과 매우 밀접한 관계가 있습니다.

아담은 하와를 보는 순간 고백하였습니다. "이는 내 뼈 중의 뼈요 살 중의 살이라"(창 2:23).

우리의 몸에는 많은 뼈와 살이 있지만 그 중요성은 모두 같지 않습니다. 어떤 뼈와 살은 없어져도 생명에 지장이 없습니다. 그러나 심장 가까이에 있는 살이나 척추 혹은 머리의 뼈는 아주 조금이라도 손상을 입게 되면 생명에 중대한 영향을 끼칩니다.

아담의 이 고백은 우리 몸에서 없어져도 생명에 지장이 없는 그런 뼈와 살을 말하는 것이 아닙니다. 하와가 심장에 있는 살처럼, 척추의 뼈처럼 아주 중요한 부분임을 말합니다. 이는 인류의 첫 부부가 서로가 서로에게 얼마나 소중한 존재였는지를 보여줍니다.

아담과 하와는 결혼하기 전 남남이었습니다. 그런데도 이런 고백을 하였습니다. 이것은 두 사람이 결혼 전에 어떠한 정신적인 연합을 이루었는지를 보여줍니다. 이 정신적인 연합은 사실 영적인 연합과 깊은 관계가 있습니다. 그것이 어떤 관계가 있는지는 창세기 3장이 잘 보여줍니다.

아담과 하와가 선악과를 따 먹는 범죄를 저지르고 난 후 하나님께서는 아담을 찾으셨습니다. "네가 어디 있느냐"(창 3:9). 이 말씀은 책망하는 음성이 아니었습니다. 오히려 그것은 사랑과 염려의 음성이었습니다. 하나님께서는 두려워서 숨어 있는 아담에게 물었습니다. "누가 너의 벗었음을 네게 알렸느냐 내가 네게 먹지 말라 명한 그 나무 열매를 네가 먹었느냐"(창 3:11).

그때 아담의 입에서 흘러나온 대답은 옆에 있던 하와가 깜짝 놀랄 정도였습니다. "하나님이 주셔서 나와 함께 있게 하신 여자 그가 그 나무 열매를 내게 주므로 내가 먹었나이다"(창 3:12).

'하나님이 주셔서 나와 함께 있게 하신 여자' 라는 말 속에는 그 여자는 자신이 원하지 않았는데 하나님께서 함께하게 하셨으며 이제는 그 여자와 같은 공간에 있다는 것 자체가 너무나 고통스럽다는 의미가 담겨 있습니다. 이제 아담에게 하와는 '한 몸' 이 아니었습니다. '그 여자는 그 여자, 나는 나' 였습니다. 부부 사이의 사랑과 정신적인 연합이 깨진 것입니다.

중매로 만났다고 하더라도 결혼은 자신의 선택이 있었기 때문에 성립되는 것입니다. 자신이 배우자를 선택했으며 하나님께서 자신들을 부부로 만나게 해주셨다는 사실을 인정함으로써 하나님의 특별한 은혜를 고백할 수 있습니다. 그런데 부부 관계가 깨어지면 정반대의 결과가 나타납니다. 자신이 선택했어도 하나님께서 주신 이 여자, 이 여자를 소개시켜 준 그 사람 때문에 자신이 불행해졌다고 생각하면서 하나님과 다른 사람을 원망합니다.

어쩌다가 아담의 '이는 내 뼈 중의 뼈요 살 중의 살' 이라는 고백이 '하나님이 주셔서 나와 함께 있게 하신 여자' 라는 표현으로 바뀌었습니까? 그 사이에 무슨 일이 일어났습니까? 부부 싸움을 했습니까? 아닙니다. 하와가 선악과를 따 먹고 아담에게 줄 때까지만 해도 아무 문제가 없었습니다. 둘 사이에 어떠한 갈등이나 다툼도 일어나지 않았습니다.

두 사람이 하나님 앞에 죄를 범함으로써 각자 하나님과의 관계가 파괴되었을 뿐입니다. 그러자 즉각적으로 부부 관계가 파경에 이르게 되었습니다(창 3:16). 하나님을 의지하지 않고도 행복한 가정을 이룰 수 있다는 것은 어리석은 생각입니다. 영적인 연합이 없는 부부 생활이 두 사람의 영혼에 만족을 줄 리 없기 때문입니다.

아내와 남편 사이에 존재하는 영적인 연합은 그리스도 안에서 이루어진 신자와 그리스도와의 연합에 기초합니다(엡 5:25). 즉 남편과 아내 사이의 영적인 연합은 두 사람이 각자 머리이신 예수 그리스도께 영적으로 붙어 있는 데서 비롯됩니다.

하나님께서는 한 사람 한 사람의 죄를 회개케 하고 그리스도를 믿게 함으로써 그 사람을 영적으로 그리스도 예수의 몸인 교회에 접붙여 한 몸이 되게 하셨습니다. 그때 비로소 망가졌던 그의 영혼은 고쳐지고 하나님으로부터 오는 생명과 사랑을 힘입어 사람다운 사람이 되고 인간다운 삶을 영위할 수 있게 되는 것이니, 이는 하나님과의 영적 관계를 통해 하늘 자원을 공급받기 때문입니다. 그 하늘 자원이 있음으로 아내나 남편은 자신의 배우자에게서 허물을 발견하더라도 참고 용납하며 사랑할 수 있습니다.

그러므로 행복한 결혼 생활을 하려면 먼저 두 사람이 모두 하나님을 믿어야 합니다. 하나님을 믿을 뿐만 아니라 온전한 신자가 되기를 노력하며 그 사랑에 붙들려 있기를 힘써야 합니다. 이것이 행복한 가정을 이루는 첫 번째 조건입니다.

교회 안에는 부부 중에 혼자만 교회를 다니는 사람이 있습니다. 교회는 이렇게 외롭게 기도하며 신앙 생활하는 사람들을 품고 도와야 합니다. 하지만 참다운 가정이 되기 위해서는 부부 모두가 신앙을 가지고 하나님께 순종하는 사람이 되어야 합니다(고전 7:14 참고).

이런 이치를 무시하고 대담하게 불신자와의 결혼을 선택하는 사람들이 있습니다. 불신자와 결혼을 했는데도 아름답게 결말을 맺어 하나님을 안 믿던 배우자가 훌륭한 신자가 되는 경우도 없는 것은 아닙니다. 그러나 자신이 그런 경우에 해당될 것이라고 생각하며 불신자와 결혼을 감행하는 것은 하나님 앞에 올바른 태도가 아닙니다.

아직 결혼하지 않은 분들은 불신자와의 결혼을 꿈꾸지 마십시오(고후 6:14). 하나님을 의지하면서 믿음과 사랑의 교통을 나눌 수 있는 배우자를 구하십시오. 불신자와의 결혼은 하나님께서 세우신 결혼 제도를 이탈한 것입니다.

결혼 적령기에 이른 자녀를 둔 성도들에게도 부탁의 말씀을 드립니다. 자녀가 여러분 마음대로 움직여 주는 것은 아니지만 여러분의 자녀가 불신자와 결혼하지 않도록 간절히 기도하십시오. 불신자와의 결혼이 가능할 것이라는 생각을 갖지 않도록 자녀와 함께, 자녀를 위해서 기도하십시오.

맺는 말

하나님에 대한 사랑과 사람을 향한 사랑이 어떻게 일치를 이루어 우리의 삶을 온전하게 할 수 있는지에 대해, 아우구스티누스는 『고백록』(The Confessions)에서 다음과 같이 말했습니다.

다른 사람들을 사랑하려거든 하나님 안에서 사랑하십시오. 하나님 밖에서의 사랑은 너무나 쉽게 변하기 때문입니다. 하나님 안에 뿌리박은 사랑만이 변함이 없습니다. 하나님 밖에서 사랑하는 사람들은 결국 사랑하는 대상을 잃어버릴 것입니다.

아내가 남편을 사랑하는 것은 좋은 일입니다. 또한 남편이 아내를 사랑하는 것도 칭찬받을 만한 일입니다. 그러나 너무 큰 기대는 하지 마십시오. 모두 죄가 있는 인간일 뿐입니다. 배우자에게서 어떤 결점이 발견되고 실망스러운 모습이 보인다고 하더라도 이상한 일이라고 여기지 마십시오. 원래 그 사람이 그런 사람이었습니다. 하나님에게서나 받을 수 있는 무한한 자비와 용서의 사랑을 사람에게서 기대하는 것은 불행한 삶을 사는 원인이 됩니다. 세상에 그런 사람은 없습니다.

여러분이 남편 혹은 아내에게서 결점을 발견했다면 바로 그 결점 때문에 하나님께서 당신을 그 사람의 배우자로 삼으셨다고 생각하십시오. 배우자의 모자라는 부분을 보충해 주고 온전한 사람이 되도록 돕는 배필이 되라고 여러분을 부족한 남편의 아내로, 부족한 아내의 남편으로 불러 주신 것입니다(창 2:18, 20).

그러나 상대방에게서 결점을 발견할 때, 자신에게 그 사람을 온전하게 해야 하는 소명이 있음을 느끼는 것은 참으로 어려운 일입니다. 인간의 육적인 본성으로는 할 수 없습니다. 인간의 육적인 본성은 사랑받음으로써 혜택을 누리기 원하지 사랑함으로써 희생하기를 원하지 않기 때문입니다.

부족하고 결점이 많은 사람을 미워하고 싫어하는 대신 그것 때문에 그 사람을 가엾게 여기며 사랑할 수 있게 하는 힘은 우리 안에서 솟아오르는 것이 아닙니다. 그 힘은 오직 하나님 아버지께로부터 그리스도를 통하여 우리에게 옵니다. 그렇기에 우리는 은혜의 보좌 앞으로 나아갑니다. 그 보좌에서 배우자를 사랑할 수 있는 힘을 공급받습니다(히 4:16 참고). 이로써 남편과 아내는 그리스도를 경외함으로 피차 복종할 수 있게 됩니다(엡 5:21).

그러므로 배우자를 사랑하기 전에 하나님을 깊이 사랑하는 성도들이 되십시오. 하나님께로부터 받은 사랑으로 허물이 많은 배우자를 사랑하며 불완전한 이 세상에서 완전한 가정을 이룰 꿈을 꾸십시오. 그 일을 위하여 하나님께서 당신을 그 가정의 일원이 되게 하셨습니다.

적용과 실천을 위한 나눔

2장 가정을 세우는 원리

결혼한 이들에게

여러분의 가족 구성원 가운데 실제로 여러분과 가장 가깝고 친한 사람은 누구입니까? 자신의 가정에서 부부의 사랑이 중심이 되고 있는지 서로 나누어 봅시다.

자신의 배우자에게서 인격적인 사랑을 느꼈던 경험을 나누어 봅시다.

자신의 배우자나 자신이 아직 부모에게서 독립하지 못한 영역은 무엇입니까? 혹은 결혼한 자녀를 떠나보내기 어렵게 만드는 영역은 무엇입니까?

부부 사이에 필요한 세 가지 연합 중 소홀히 여기고 있는 것은 무엇입니까?

결혼하지 않은 이들에게

배우자가 될 사람을 찾을 때, 중요하게 생각하는 조건들은 무엇입니까? 그러한 조건들을 중요하게 여기는 이유는 무엇입니까?

현재 부모에게 어떤 부분이 깊이 의존되어 있는지 돌아보고, 그 독립을 어떻게 준비할 수 있을지 나누어 봅시다.

정신적인 연합은 영적인 연합과 밀접한 관련이 있기에 저자는 불신자와의 결혼은 꿈꾸지 말라고 합니다. 불신자와의 결혼에 대해 어떤 생각을 가지고 있는지 나누어 봅시다.

2부 가정의 질서를 세우라

인간의 타락으로 가정에 몰려온 가장 큰 어려움은 질서의 파괴였습니다. 남편과 아내, 부모와 자녀 사이의 질서가 무너져 버린 것입니다. 이것은 인간이 타락하여 하나님과의 관계가 깨어졌을 때 이미 예고된 것이었습니다. 인간이 범죄함으로 인해 하나님과의 관계가 파괴되자 인간들 사이의 관계는 물론 인간과 자연과의 관계도 깨졌기 때문입니다(창 3:16-17).

그리스도인으로서 가정을 향한 우리의 사명은 가정의 질서를 올바르게 세우는 것입니다. 하지만 오늘날과 같이 공동체의 유익보다 개인의 이익을 앞세우는 시대에 가정의 질서를 운운하는 것은 고리타분한 소리로 치부됩니다. 또한 자기 중심적인 시대 정신의 지배를 받는 사람들은 어떠한 질서가 자기 밖의 누군가로부터 주어진다는 사실조차 받아들이기 힘들어 합니다.

한 사람이 진정으로 예수 그리스도를 믿고 거듭나야 할 이유가 여기에 있습니다. 그때에야 우리는 신앙과 삶의 유일한 기준인 성경을 받아들일 수 있게 되기 때문입니다. 우리는 성경 속에서 하나님께서 이 세계를 창조하신 경륜과 가정을 세우신 뜻을 이해하게 되고 그것을 위해 세우신 하나님의 질서가 무엇인지를 터득하게 됩니다. 그리고 그 질서를 회복하기 위해 노력합니다.

그러므로 가정의 진정한 행복은 가족 구성원들이 하나님께서 지정하신 자리로 돌아가는 것입니다. 그리고 거기에서 한 걸음 더 나아가 서로를 하나님의 형상을 따라 창조된 고귀한 사람으로 여기며 사랑하는 것입니다.

아내들아 남편에게 복종하라 이는 주 안에서 마땅하니라 골 3:18

3장 아내의 덕목, 복종하라

가정에는 질서가 필요하다

어린 시절 운동장에서 수십 명은 들어갈 법한 큰 원을 그린 기억이 있을 것입니다. 예닐곱 명의 친구들이 서로 손을 붙잡고 길게 늘어섭니다. 가운데 있는 친구는 서서 제자리에서 뱅글뱅글 돕니다. 다음 친구는 작은 원을 그리며 조금 더 크게 돕니다. 그리고 가장 밖에 있는 친구는 손에 나무 막대기를 들고 크게 돌면서 원을 그립니다. 그렇게 모두가 자신의 자리에서 맡겨진 임무를 잘 감당할 때 커다란 원이 완성됩니다.

하나님께서는 아담과 하와를 창조하셨습니다. 두 사람 모두 하나님의 형상을 가진 동등한 사람이었습니다. 그러나 하나님께서는 아담과 하와를 다르게 창조하셨습니다. 그리고 두 사람 사이에 질서를 세우셨습니다. 하나님께서는 이 질서를 따라 가정을 통해 이루고자 하는 일들을 이루어 가고자 하셨습니다. 그렇기 때문에 가정이 온전해지기 위해서는 사랑만 있어서는 안 됩니다. 반드시 질서가 필요합니다.

하지만 이러한 질서는 지배자와 피지배자로 이루어지는 위계적인 질서(hierarchical order)가 아닙니다. 이것은 가정을 통해서 이루실 창조의 목적을 보다 더 효과적으로 구현할 수 있도록 부여하신 기능적인 질서(functional order)입니다(엡 5:23).

남녀 사이의 높고 낮음의 위계적인 질서는 인간이 창조될 때부터 주어진 것이 아닙니다. 하나님께서 최초의 남녀에게 주신 기능적인 질서는 창조의 목적을 보다 잘 실현하기 위한 것이었는데 타락한 인간의 악한 본성이 그것을 왜곡시켜 지배와 착취가 이루어진 것입니다. 그러므로 성경적인 가정을 이루기 위해서는 남편과 아내 사이에 올바른 기능적인 질서가 세워져야 합니다(딤전 3:5, 12).

하나님께서는 질서의 하나님이십니다(고전 14:33). 하나님께서 질서의 아름다움과 추함의 기준이십니다. 우리는 성경을 통해서 가족이 어떤 질서를 이루며 살아가야 하는지를 알 수 있습니다. 그렇기에 행복한 결혼 생활을 위해 사랑만 있으면 된다는 말만큼 무지한 것은 없습니다. 가족 간에는 사랑과 함께 그 사랑이 작용할 질서가 필요합니다.

골로새서 3장 하반부는 가정 구성원이 어떠한 질서 아래에 있어야 하는지를 나열합니다.

먼저 아내가 남편에게 보여야 할 덕목은 '복종' 입니다(엡 5:22, 골 3:18). 이 복종은 노예적인 복종이 아니라 인격적인 복종으로 주님 안에서 이루어진다는 점에서 맹목적인 복종과는 다릅니다. 이와 대조적으로 아내에 대한 남편의 덕목은 '사랑' 입니다(엡 5:25, 골 3:19). 이 사랑은 아내가 남편에게 복종하기 때문에 대가로 베푸는 사랑이 아닙니다. 남편이 존경스럽기 때문에 베푸는 사랑도 아닙니다. 인격적인 관계에서 나오는 참사랑입니다.

또한 부모에 대한 자녀의 덕목은 '공경'인데, 이는 부모의 사회적인 지위나 재산이나 심지어는 인격의 높고 낮음에 의해서 좌우되는 공경이 아닙니다. 그분이 나의 부모이기에 공경하라는 하나님의 명령입니다(엡 6:2, 골 3:20). 그리고 자녀에 대한 부모의 덕목은 '자녀를 노엽게 하지 않는 것'입니다(엡 6:4, 골 3:21). 부모가 자녀를 노엽게 하면 그들이 낙심할 것이기 때문입니다.

하나님과 올바른 관계를 맺을 뿐만 아니라 남편과 올바른 관계를 맺는 아내, 아내와 올바른 관계를 맺는 남편, 부모와 올바른 관계를 맺는 자녀, 자녀와 올바른 관계를 맺는 부모가 되라고 성경은 말합니다.

아내의 덕목, 복종

먼저 아내들에게 명령합니다. "아내들아 남편에게 복종하라 이는 주 안에서 마땅하니라"(골 3:18). 이 일에 있어서는 아내의 의견을 묻는 것이 아니라 명령하고 있음을 주목하십시오. 성경은 남편에 대한 아내의 덕목을 복종이라고 보고 남편에게 복종하라고 지시합니다.

요즘같이 남녀가 평등한 시대에, 다소 과장하여 말하면 여성 우월주의를 지향하는 시대에 복종하라니 마치 계몽 시대 이전의 이야기인 듯 조선 시대의 이야기인 듯합니다. 우리는 지금이 어느 시대인데 감히 아내들에게 남편에게 복종하라고 명령할 수 있느냐며 거부감을 갖기 쉽습니다. 마치 성경이 시대의 정신에 한참 뒤처진 것처럼 보입니다. 그러나 성경은 여러 곳에서 아내의 덕목으로 복종을 꼽습니다(엡 5:22, 벧전 3:1). 이것은 세월이 흘러도 변하지 않는 하나님의 통치의 원리를 보여 줍니다. 그리고 이것을 기초로 가정이 하나님께서 인간을 창조하셨을 때 의도하셨던 가정으로 회복된다는 것을 알 수 있습니다.

사도 바울은 아내들을 향해서만 말하고 있지 않습니다. 남편들을 향해서도 아내를 사랑하며 괴롭게 하지 말 것을 명령합니다(골 3:19). 그러나 남편에게 복종하라는 계명이 아내를 사랑하라는 계명보다 앞서 있습니다. 이는 남편을 향한 아내의 복종이 가정 안의 올바른 가족 관계 형성에 기초가 되기 때문입니다.

유기체는 각 부분이 일정한 목적 아래 질서 있게 조직되어 각 부분과 전체가 필연적인 관계를 갖는 조직체를 의미하는데, 하나님께서는 가정을 하나의 유기체로 보십니다. 그리고 하나님께서 가정이라는 조직체에 부여하신 질서는 남편이 가정을 통솔하고 지도하는 가장으로서의 권한을 행사하고 아내는 복종하는 것입니다.

만약에 한 집안에 가정을 이끄는 가장이 없다면 어떻게 되겠습니까? 아빠는 아빠대로, 엄마는 엄마대로, 형은 형대로, 동생은 동생대로, 자기 생각을 따라 살 것입니다. 그렇게 온 식구가 각자 제 소견에 좋은 대로 살아가는 삶에서 가족 구성원들이 하나님에 대해서 배우면 얼마나 배울 수 있으며 그 가정을 통해서 얼마나 하나님을 섬길 수 있겠습니까?(삿 21:25)

아내는 자녀를 포함해 다른 사람들에게 남편이 그 집안의 가장임을 생활 속의 복종으로 나침반처럼 보여주는 사람입니다. 그래서 성경은 먼저 아내에게 "남편에게 복종하라"고 말합니다. 생각해 보십시오. 엄마가 매일 아빠와 싸우며 대듭니다. 남편을 부를 때도 "이 인간아!" 하고 부릅니다. 다른 사람들에게 남편에 대해 말할 때도 "그 인간 주제에……"라고 얕잡아 표현합니다. 그것을 아이들이, 다른 사람들이 보았을 때 남편이 이 집안의 가장이라는 사실을 어떻게 인정할 수 있겠습니까?

지금 같은 시대에 복종하라니

인류의 역사에서 남성들은 너무나 오랫동안 여성들을 자신의 소유물인 것처럼 가혹하게 대해 왔습니다. 마치 여성들에게는 하나님의 형상이 없는 것처럼 그들을 짓밟고 무시하였기에 오래전부터 여성들은 노예와 다를 바 없는 존재로 취급되어 왔습니다.

여성들이 인간다운 대접을 받기 시작한 것은 겨우 20세기에 들어와서입니다. 민주주의가 탁월하게 발전하였다는 미국에서도 여성의 참

정권은 각 주별로 19세기 말과 20세기 초에 점진적으로 실현되다가 1920년 개정된 헌법에서 '성별이 다르다는 이유로 선거할 수 있는 권리가 부정되거나 제한될 수 없음'을 명시함으로써 비로소 연방법으로 승인되었습니다. 물론 지금도 여성들은 남성들과 비교해서 사회적으로 불평등하게 대우받는 측면이 많이 있습니다. 그러나 과거에 비하면 여성들의 위상이 매우 높아진 것이 사실입니다.

60대, 70대, 80대 세 남성이 병원에서 만났습니다. 모두 타박상을 입거나 심하게 다쳤습니다. 아내에게 맞아서 병원에 입원한 사람들이었습니다. 한 사람이 60대 남성에게 물었습니다. "당신은 왜 아내에게 맞았나요?" 그랬더니 60대 남성이 대답했습니다. "어느 날 아침에 아무리 기다려도 아침 식사를 차려 주지 않아 '여보, 밥 좀 줘!'라고 했더니 때리더군." 70대 남성이 대답했습니다. "맞을 짓을 했구먼. 어떻게 아내에게 밥을 달라고 할 수가 있는가? 주면 먹고 안 주면 안 먹는 거지." 그러자 옆에 있던 사람이 물었습니다. "그럼 당신은 왜 맞았습니까?" 그는 대답했습니다. "어느 날 아침에 아내가 예쁘게 화장을 하더군. 그래서 '오늘 어디 가?' 하고 물어봤을 뿐인데 때렸어." 그랬더니 옆에 있던 80대 남성이 말했습니다. "맞을 짓을 했구먼. 어떻게 감히 화장하는 아내에게 어디를 가느냐고 물어볼 수 있어? 간도 크구먼." 그러고는 자신이 맞은 이유를 말했습니다. "난 정말 아무 짓도 하지 않았네. 그냥 아침에 눈을 떴을 뿐인데 맞았어. 오늘도 살아 있다고 말이야."

세상에 떠돌아다니는 이런 씁쓸한 우스갯소리는 여성들의 힘이 막강해진 우리 사회에 대한 촌평입니다. 몇 년 전에 '남편 세일즈' 시리즈가 SNS를 통해서 50대 여성들 사이에서 유행하였습니다.

남편을 팝니다. 구입한 지 30년쯤 되었는데 아직 쓸 만합니다. 연봉은 6,000만 원이고 그중 2,000만 원은 알코올 값으로 들어갑니다. 지금까지 수리비(병원비)는 크게 들지 않고 있습니다. 구입한 분에게는 사은품으로 시어머니를 드립니다!

이런 이야기를 여성들이 서로 돌려보면서 재미있다고 깔깔대고 웃는 시대입니다. 여기서 우리는 가정 안에서 남편의 위상이 얼마나 축소되었는지, 아내들의 힘이 얼마나 막강해졌는지를 읽어 낼 수 있습니다. 그런데 성경은 이러한 시류를 거슬러 아내들에게 남편에게 복종하라고 명령합니다.

우리는 성경이 아내들에게 남편에게 복종하라고 명령하고 있다는 사실을 통해서 아내가 남편에게 복종하는 것이 얼마나 어려운 일인지를 역설적으로 봅니다. 아내가 남편에게 복종하는 것이 자연스럽게 되는 쉬운 일이었다면, 굳이 성경에서 이렇게 권면할 필요가 없었을 것이기 때문입니다. 죄가 들어온 이후로 여성에게는 남성을 자신의 질서 아래 복종시키고 싶어하는 경향이 있었습니다(창 3:16). 남성뿐만 아니라 여성도 남성을 자신이 원하는 질서 아래 두고 싶어하였던 것입니다(에

1:17-18). 이러한 부패한 성향이 여성에게 있음을 하나님께서는 잘 아셨습니다. 그리고 이러한 성향을 내버려둘 때 가정이 하나님께서 원하시는 지점에 있지 못하고 표류할 것을 아셨기에 이러한 본성에 주의하라고 경고하신 것입니다.

교회의 가정에 주신 말씀

문제는 가정의 중심에 남편이 서야 한다는 것입니다. 그런데 남편이 인생관도 없고 방종하며 즉흥적입니다. 혹은 낭비벽이 심해 사치를 일삼는다거나 가족에게 폭력을 행사한다면 어떻게 해야 하겠습니까? 이럴 때에도 아내는 남편에게 온전히 복종해야 하는 것일까요? 그런 남편에게 아내가 순종한다면 가정이 어떻게 되겠습니까? 아내만이라도 정신을 차리고 남편에게 저항하며 자녀를 보호해야 하지 않겠습니까?

우리가 고려해야 할 것은 남편에게 복종하라는 사도 바울의 말씀은 세상에 있는 불신자가 아니라 교회에 주신 말씀이라는 사실입니다. 불신자 가정에 주신 말씀이 아니라 교회에 속한 믿음의 가정에 주신 말씀입니다(골 1:2). 그러므로 이 말씀을 받았던 아내들 역시 주님을 믿을 뿐만 아니라 주님 안에서 끊임없이 깨어지며 좋은 신자가 되길 노력하는 교회 안의 자매들이었고, 남편들 역시 하나님 앞에서 참된 신자로 빚어지기를 원하는 형제들이었습니다.

하나님께서 바라시는 가정의 기본은 하나님을 믿는 신실한 그리스도인 부부입니다. 여러분의 남편이나 아내가 아직 예수 그리스도를 믿고 있지 않다면 속히 전도하여야 할 이유가 여기에 있습니다. 남편이 불신자라면 아내는 남편의 회심을 위해 간절히 기도해야 합니다. 그래서 먼저 하나님을 믿는 가정이 되어야 합니다.

물론 구원은 여러분의 힘으로 이룰 수 없습니다. 그러나 구원받지 못한 남편이나 아내를 향한 절박한 노력은 먼저 믿은 여러분의 몫입니다. 믿지 않는 남편 혹은 믿지 않는 아내, 교회는 나오지만 변화받지 못한 배우자의 영혼에 대해 안타까워하는 마음이 있습니까? 그 영혼의 운명을 마치 자신의 운명인 것처럼 생각하고 있느냐고 묻고 있는 것입니다 (롬 9:3).

사도 바울은 예수 그리스도를 믿는 가정에 이 말씀을 주셨습니다. 그러면 남편이 하나님을 믿지 않고 있다면 어떻게 해야 할까요? 그때는 복종하지 않아도 되는 것일까요? 그렇지 않습니다. 그러한 경우라도 주님의 뜻에 어긋나지 않게 살아서 그리스도인의 덕을 보여줄 수 있어야 합니다. 베드로 사도는 이렇게 말합니다.

> 아내들아 이와 같이 자기 남편에게 순종하라 이는 혹 말씀을 순종하지 않는 자라도 말로 말미암지 않고 그 아내의 행실로 말미암아 구원을 받게 하려 함이니 너희의 두려워하며 정결한 행실을 봄이라 너희의 단장은 머리를 꾸미고 금을 차고 아름다운 옷을 입는 외모로 하지 말고 오직

마음에 숨은 사람을 온유하고 안정한 심령의 썩지 아니할 것으로 하라 이는 하나님 앞에 값진 것이니라(벧전 3:1-4).

복종의 의미

그러면 아내가 남편에게 실천함으로써 가정의 질서를 이루게 하는 '복종'이란 무엇일까요? 우리가 평소에 생각하는 '복종'이라는 개념과 지금 성경 본문이 말하는 '복종'의 개념에는 차이가 있음을 먼저 기억해야 합니다.

유교의 가르침을 따랐던 조선 시대 선비들은 남편과 아내의 관계를 규율하는 윤리적 원리로서 부부유별(夫婦有別)을 강조하였습니다. 부부유별은 『맹자』(孟子)에 나오는 다음 내용에서 유래하였습니다.

인간에게는 도리가 있는데, 배불리 먹고 따뜻하게 옷을 입고서 편안히 거처하기만 하고 가르침이 없으면 금수에 가까워진다. 이 때문에 성인이 이를 근심하여 설(契)이라는 인물을 사도(司徒)로 삼아 인륜을 가르치게 하였다. 그것이 부모와 자식 사이에는 친함이 있으며(父子有親), 임금과 신하 사이에는 의리가 있으며(君臣有義), 남편과 아내 사이에는 분별이 있으며(夫婦有別), 어른과 아이 사이에는 차례가 있으며(長幼有序), 친구 사이에는 믿음이 있는 것(朋友有信)이다.

부부 사이에 갖추어야 할 덕목으로 '구별'(別)을 내세운 것은 남편으로서의 본분과 아내로서의 본분이 따로 있으니 이를 잘 헤아려서 서로 침범하지 말아야 한다는 상호 존중의 뜻을 담고 있습니다. 그 구체적인 '예'(禮)에 대해서는 시대마다 학자들마다 다양한 해석이 있어 왔지만 대체로 다음의 두 가지 의미로 전해집니다.

첫째로 남편과 아내 사이에는 구별이 있어야 한다는 것입니다. 남녀의 성정(性情)의 역할과 차이를 내세우며 거처하는 곳과 해야 하는 일의 구별을 말하기도 하지만 부부로서의 친밀함을 나누되 서로에 대한 공경의 마음을 결코 잃지 말라는 조화로움을 이야기하는 것입니다.

둘째로 다른 부부와의 관계에서 구별이 있어야 한다는 것입니다. 즉 각 부부가 각자의 짝을 자신의 배필로 알고 서로 남의 배필을 침범하지 않는 것을 말합니다. 서로에 대한 신의를 지키는 일이 부부간의 사랑을 보존하고 가정과 사회를 건강하게 세울 수 있는 기본적인 도리임을 옛사람들은 알고 있었던 것입니다.

하지만 우리는 일부 유학자들이 남녀 간의 생물학적 다름이나 건곤(乾坤)과 음양(陰陽), 강유(剛柔)와 남녀(男女)를 대조적으로 상정하고 있는 『주역』(周易)의 이론을 남존여비(男尊女卑) 사상의 근거로 잘못 해석하여 부부유별의 의미를 왜곡시켰다는 점을 간과해서는 안 됩니다. 우리의 문제는 성경에 나오는 남편에 대한 아내의 복종 혹은 순종을 이렇게 잘못 정립한 유교적 관점에서 이해한다는 것입니다.

우리는 유교적인 환경에서 자라 왔기에 '복종'이라는 말을 들으면 다음과 같은 그림을 마음속에 그립니다. 남편은 마치 상전인 것처럼 큰 목소리로 이러저러한 명령을 내립니다. 그러면 아내는 감히 고개도 들지 못하고 그 말을 따릅니다.

가끔 아내를 막 대하는 남편들을 만납니다. 그들은 아내들이 아무 대꾸도 없이 고분고분 자신의 모든 말을 따르는 것을 복종이라고 생각합니다.

그러나 성경이 말하는 복종은 그런 것이 아닙니다. 오히려 성경은 말합니다. "그리스도를 경외함으로 피차 복종하라"(엡 5:21). 가정의 질서를 세우는 복종은 폭압적인 완력에 의해 두 사람 중 한 사람을 높이는 것이 아닙니다. 그러므로 이 명령은 여성들이 역사 속에서 짓밟히던 비극적인 경험을 되풀이하라는 말이 아닙니다.

우리말 성경에는 자녀는 부모에게 "순종하라"고 번역되어 있고 아내는 남편에게 "복종하라"고 되어 있기 때문에, 아내의 남편에 대한 복종이 자녀의 부모에 대한 순종보다 더 강압적으로 다가오지만 사실은 그렇지 않습니다(골 3:18, 20).

헬라어 원어를 살펴보면 자녀에게 순종하라고 할 때는 **휘파쿠오**라는 동사를 사용하였는데, 이것은 핑계나 이유를 대지 않고 순전한 마음으로 복종하는 것을 뜻합니다(빌 2:12, 살후 3:14, 벧전 3:6). 이와 대조적으로 아내에게 복종하라고 할 때는 **휘포타쏘**라는 동사를 사용하였는데, 이것은 하나님께서 정하신 어떤 질서 속으로 들어간다는 의미의 순종을 가리킵니다(고전 14:33).

헬라어 **휘포타쏘**는 '아래에' 라는 의미의 전치사 **휘포**와 '배치하다.', '정리하다.', '균형을 이루다.' 의 뜻을 지닌 동사 **타쏘**가 결합하여 이루어졌습니다. 따라서 아내가 남편에게 복종한다는 말의 의미는 하나님께서 세우신 질서 아래로 자신을 복종시켜 그 질서에 맞게끔 배치하고 정리하여 온전한 질서 속으로 들어간다는 의미입니다.

하나님께서 가정을 정하실 때 여성은 남성에게 복종하도록 질서를 세우셨습니다. 그 질서에 복종하는 것이므로, 엄밀한 의미에서 남편을 향한 아내의 복종은 사실 남편이 아니라 질서를 세우신 하나님에 대한 복종입니다.

남편을 머리로 하는 질서

하나님께서 가정에 부여하신 질서는 남편을 머리로 하고 아내를 몸으로 하는 질서입니다(엡 5:23). 교회가 삼위 하나님의 모상(模像)인 것처럼 가정 또한 교회 안에 있으면서 교회의 모형을 본뜹니다. 교회가 그리스도께 복종하는 것처럼 아내가 남편에게 복종하고, 그리스도께서 교회를 사랑하시는 것처럼 남편이 아내를 사랑해야 합니다(엡 5:24-25). 그것이 하나님께서 세우신 가정의 질서입니다.

하나님께서는 가정을 세우시고 남편을 그 가정의 머리로 삼았습니다. 이는 남편이 아내보다 더 우월하다는 의미가 아닙니다. 하나님께서 가정을 통해 창조의 목적을 이루기 위해서 질서를 세우셨음을 보여줍니다. 그렇기 때문에 가정에서의 남편의 머리 됨은 아내와 자녀를 지배하고 착취하는 머리가 아니라 하나님께서 가정을 향해 보여주신 뜻이 이루어지도록 가족을 돌보고 섬기는 머리입니다. 이러한 사실은 교회의 질서를 생각해 보면 쉽게 이해될 수 있습니다.

> 그가 어떤 사람은 사도로, 어떤 사람은 선지자로, 어떤 사람은 복음 전하는 자로, 어떤 사람은 목사와 교사로 삼으셨으니 이는 성도를 온전하게 하여 봉사의 일을 하게 하며 그리스도의 몸을 세우려 하심이라(엡 4:11-12).

교회의 직분은 사람의 우열을 나타내는 것이 아닙니다. 그 직분은 각자의 자리에서 그리스도의 몸을 온전히 세워 가기 위해 섬기도록 주어진 자리입니다. 하나님께서는 교회의 신자들이 하나님을 아는 지식과 사랑에서 자라 가도록 하셨습니다. 그래서 성도의 삶은 애지(愛智)의 삶, 신애(信愛)의 삶입니다(엡 3:18, 벧전 3:7). 그럼으로써 성도들은 보다 더 온전한 신자로 성숙해져 가고 교회는 하나님 앞에서 점점 더 완전성을 갖추게 됩니다(엡 4:13). 이로써 하나님께서는 영광을 받으시고, 교회는 이 세상에 빛을 비춥니다(빌 2:15). 그렇지만 하나님께서는 교회로 부르신 성도들을 아무런 질서 없이 오합지졸처럼 모아 놓지 않으셨습니다. 그렇다고 해서 하나님께서 내려오셔서 당신이 직접 그들을 다스리지도 않으십니다.

하나님께서는 교회 안에 질서를 세우셨습니다. 사람들을 각각 사도로, 선지자로, 복음 전하는 자로, 목사와 교사로 삼으셨습니다. 이것은 그들로 하여금 교회를 세우신 하나님의 계획을 알고 그 질서 속에서 각자의 섬김을 통해 교회를 온전케 하기 위함이었습니다. 성경의 가르침을 따른 목회자의 지도력 아래에서 성도들이 서로 존중하며 하나님께서 세우신 질서 속에서 온전한 교회를 이루도록 하셨습니다. 하나님께서는 이러한 질서를 가정에도 주셨는데, 그것이 바로 남편의 위치입니다. 하나님께서는 가정에 가장을 세우셔서 그 가정을 질서 있게 섬겨 온전한 가정을 이루어 가게 하셨습니다.

훌륭한 남편이 아닐지라도

신앙심이 깊은 자매들 중에도 결혼에 대한 신령한(?) 환상을 갖는 사람이 있습니다. 그들 중 어떤 자매들은 자신의 부족함을 알기에 매우 거룩한 남편을 만나기를 바랍니다. 그래서 이렇게 말하기도 합니다. "저는 남편 될 사람이 좋은 직장에 다니지 않아도 괜찮아요. 단지 인격적으로나 신앙적으로 제가 존경할 수 있는 형제였으면 좋겠어요."

그런 자매에게는 두 가지 가능한 길이 있습니다. 약 30년쯤 연상인 남자 중에서 남편감을 찾아보거나 아니면 평생 기독교 위인들의 전기를 읽으며 혼자 사는 것입니다. 자기처럼 결혼을 앞둔 또래의 형제들

중에는 그런 사람이 없습니다. 혹시 연애할 때 존경스럽게 느껴진다고 하더라도 그것은 눈에 콩깍지가 씌어서 잠깐 동안 그렇게 여겨지는 것입니다. 한이불 덮고 한솥밥을 먹으면서 부대끼며 살다 보면 거의 모든 사람이 거기에서 거기입니다.

어떤 사람은 이렇게 말합니다. "남편이 존경할 만해야 복종하죠. 그가 존경할 만하면 제가 왜 복종하지 않겠어요?" 하나님께서 아내에게 복종하라고 명령하는 것은 남편이 아내보다 더 우월한 사람이기 때문이 아닙니다. 아내는 남편이 별 볼 일 없는 사람일 때도 복종할 것을 요구받습니다. 아내가 남편에게 복종하는 것은 남편이 자신을 사랑해 주거나 위대하기 때문이 아닙니다. 그것이 하나님께서 가정에 세우신 질서이기 때문에 하나님을 사랑하는 마음으로 복종하는 것입니다. 가정을 향한 하나님의 질서를 알고 그분께서 세우신 질서에 순종하는 아내가 가정의 행복을 위해서 필요합니다.

그러므로 아내들은 남편이 자기가 원하는 훌륭한 사람이 되고 나면 비로소 사랑하고 존경할 수 있을 것이라는 생각을 버리십시오. 남편을 있는 모습 그대로 존중하고 사랑하며, 하나님의 뜻 안에서 그에게 복종하십시오. 그의 사회적인 지위의 높고 낮음이나 소유의 유무에 상관없이 하나님께서 그를 이 가정의 머리로 삼으셨기에 존경하고 소중히 여기십시오. 그렇게 하나님의 질서를 따라 사는 것이 하나님의 사랑을 아는 성도들의 삶입니다.

아내에게 주신 신앙적인 명령

자기에게 초점이 맞추어진 행복의 추구는 타인에 대한 폭압을 가져옵니다. 그가 가진 권력과 자원이 크고 많다면 그 폭압의 힘은 더욱 커질 것이며 이는 더 큰 갈등을 불러올 것입니다. 혹시 억눌린 사람에게 대항할 힘이 있다면 그것은 큰 다툼을 불러일으킬 것입니다.

어느 날 젊은 부부가 싸우고 있었습니다. "당신 나한테 그렇게밖에 못해? 성경에 뭐라고 되어 있어? 남편에게 복종하라잖아! 맨날 교회에서 울면서 기도하면 뭐해? 복종하지 않는데!" 아내가 받아칩니다. "아이고, 당신이 나를 사랑만 해줘 봐! 내가 복종을 안 하나?" 남편이 휴지통을 발로 차면서 말합니다. "복종부터 해 보라니까! 그러면 내가 사랑을 안 하나!"

남편에게 복종하라는 성경의 말씀을 읽을 때마다 남편들은 기가 살지도 모릅니다(엡 5:22, 골 3:18). 그러나 복종하라는 명령은 남편의 기를 살려 주기 위해서 주신 것이 아닙니다.

이 본문은 남편이 읽고 아내를 지배하라고 주신 말씀도 아니고, 아내의 복종이 남편으로서 마땅히 누릴 권리라는 것도 아닙니다. 그렇기 때문에 남편은 이 본문을 가지고 아내에게 들이밀면서 복종하라고 강요하지 말아야 합니다.

이 성경 본문은 하나님을 사랑하고 그리스도의 몸의 지체로서 장성한 분량이 충만한 데까지 성화(聖化)되어야 할 아내에게 주시는 신앙적인 명령입니다(엡 4:13 참고). 이 말씀을 통해서 아내는 일평생 신앙 안에서 자신을 돌아보게 됩니다. 그리고 깨닫습니다. '내가 이렇게 남편에게 복종하지 않고 남편을 가볍게 여기며 남편을 내 맘대로 주관하며 살려는 것을 보니, 아직도 예수님을 온전히 사랑하기에는 너무나 멀리 있는 사람이구나!'

그녀는 남편에게 복종하지 않으려는 자신을 기도의 제목으로 삼고 더욱 예수 그리스도를 의지합니다. 하나님 앞에 회개하고 하나님의 은혜의 힘을 더욱 붙듭니다. 이러한 모든 과정을 통해서 아내는 더욱 성숙한 신자가 될 것입니다.

교회에 와서 섬기는 일들만 하나님의 일이고 집안일은 세상의 일이라고 여기는 것은 잘못된 생각입니다. 우리의 모든 삶이 하나님의 눈빛 아래 있고 우리가 관계를 맺고 있는 모든 영역이 하나님께서 감찰하시는 영역입니다. 모든 일을 주께 하듯 해야 합니다(골 3:23).

그러므로 여러분이 하나님의 명령을 따라 남편에게 온전히 복종하는 것은 사실 남편을 섬기는 것이 아니라 하나님을 섬기는 것입니다(엡 5:22). 그렇게 하나님을 잘 섬기면 섬길수록 여러분은 남편의 종이 아니라 하나님의 사람이 되어 갈 것입니다.

복종과 정신적인 연합

하나님께서 아내들에게 자기 남편에게 복종하라는 계명을 주신 것은 어떻게 보면 아내들을 위함입니다. 남편에 대한 아내의 복종은 부부의 정신적인 연합을 유지하는 데 매우 중요하기 때문입니다.

하나님께서는 아담과 하와를 창조하신 후에 다음과 같이 말씀하셨습니다. "남자가 부모를 떠나 그의 아내와 합하여 둘이 한 몸을 이룰지로다"(창 2:24). 히브리어 성경은 이 구절을 다음과 같이 읽습니다. "남자가 부모를 떠나 그 여자 속으로 연합하여 한 살(肉)이 될지니라." '한 살' 이 되는 것은 두 개가 결합되어 구별할 수 없을 정도로 하나가 되는 것을 말하는데, 그 핵심은 정신적이고 영적인 연합을 의미합니다.

남편과 아내 모두 예수 그리스도의 지체가 됨으로써 결혼과 함께 성립하는 영적인 연합이 부부의 원리적 연합이라면, 사랑으로 이루어지는 정신적인 연합은 부부의 실제적 연합이라고 할 수 있습니다. 부부가 영적인 연합을 실질적으로 누리면서 살기 위해서는 정신적으로 깊이 연합되어 있어야 한다는 말입니다. 그리고 이 연합의 본질은 사랑이며 남편과 아내가 서로에 대해 느끼는 '하나 됨' 입니다.

그런데 아내가 남편과의 정신적인 연합을 이루는 조건과 남편이 아내와의 정신적인 연합을 이루는 조건에는 차이가 있습니다.

먼저 아내가 남편에게 정신적인 연합을 느끼는 중요한 조건은 관계의 '누림' 입니다. 이것이 바로 사랑의 즐거움입니다. 아내는 남편이 자기를 누리고 있다고 생각될 때, 비로소 자신의 남편이라는 것을 확신하면서 정신적인 연합을 유지합니다. 그렇다면 '누림'이란 무엇일까요?

남녀가 서로 너무 좋아합니다. 그래서 결혼하기로 약속합니다. 그때 여자가 자신을 좋아하는 남자에게 묻습니다. "내가 그렇게 좋아?" "그럼, 좋지." "얼마만큼 좋아?" "하늘만큼 땅만큼 바다만큼, 말로 표현할 수 없을 만큼 좋아." 여자가 묻습니다. "내가 왜 그렇게 좋아?" 여기서 남자는 지나치게 솔직해지고 맙니다. "니네 아빠가 돈이 많잖아."

이것은 '누림'이 아니라 '사용'(使用)입니다. 여자 집안의 돈을 얻기 위해서 그녀를 사용하고 있는 것입니다. 그것은 진정한 사랑의 누림이 아닙니다. 누림은 좋아하는 것 위에 또 다른 상위의 목표가 없는 것을 말합니다. 다시 말해 아내를 그 자체로 좋아하는 것이 바로 아내를 누리는 것입니다.

보통의 남편은 아내가 자신의 생일을 잊어버려도 크게 상처받지 않습니다. 별로 섭섭해 하지 않습니다. 그런데 아내는 참지 못합니다. 만약 남편이 자신의 생일을 잊어버렸다면 그날 밤 잠을 이루지 못할 수도 있습니다. 밤새 눈물 흘리며 '내가 이 남자와 계속 살아야 하는가?'를 심각하게 고민할 수도 있습니다. 남편이 중요한 일로 바빴다고 아무리 변명해도 아내들은 용납할 수 없습니다. 처음 만난 날, 프러포즈 받은 날, 심지어는 처음 손 잡은 날까지 기억해야 합니다. 아내들은 남편과의 추억이 담긴 날들을 국경일처럼 마음에 표시해 둡니다. 그래서 남편이 그런 부분들을 만족시켜 주면 남편과 자신 사이에 정신적인 연합이 있다고 생각합니다. 남성들이 볼 때는 이해할 수 없는 부분이지만 여성들은 이처럼 관계 지향적입니다.

그래서 아내가 깊이 감동하는 것은 엄청나게 큰 선물이나 많은 돈이 아닙니다. 아내의 마음을 기쁘게 하는 것은 남편이 자신을 최종적인 사랑의 대상으로 생각하고 있다는 것입니다. 남편이 자기로 인하여 쉼을 얻고 남편이 자신의 존재 자체를 좋아하고 있다고 여길 때 정신적인 연합은 유지됩니다. 아내들은 남편도 그런 마음일 것이라고 생각합니다. 그리하여 여러 기념일을 기억하고 잘 대해 주는데 남편은 별로 감동받지 않습니다. 그때 섭섭해 합니다. 하지만 남자는 여자와 다른 성향을 지니고 있습니다.

남편이 아내에게 정신적인 연합을 느끼는 중요한 조건은 '의존' 입니다. 자동차 운전을 하다가 부부가 많이 다툽니다. 남편이 운전을 하고 아내가 조수석에 탔습니다. 잘 모르는 길을 갈 때 남편은 자기의 힘으로 어떻게 해서라도 찾아가려고 합니다. 그러다 보니 차가 잘못된 길로 접어들기도 하고 가까운 길을 두고서 돌아가기도 합니다. 그러나 아내는 그런 남편을 이해하지 못합니다. 길을 잘 모르면 다른 사람들에게 물어봐서 정확하게 찾아갈 것이지, 그렇게 하지 않는 남편이 못마땅합니다. 그래서 아내는 차를 세우고 사람들한테 물어보자고 합니다. 남편은 자신이 알아서 잘할 수 있다고 고집합니다. 그러다가 다툽니다.

어떤 형제가 아내에게서 소외감을 느꼈던 이야기입니다. 하루는 아내가 "여보, 냉장고 위치를 바꿔 보면 어떨까?" 하면서 도움을 요청했습니다. "퇴근하고 옮겨 줄게." 그런데 그날 밤 늦게 오느라 냉장고 위치를 바꾸지 못했습니다. 다음 날 남편이 출근 전에 말했습니다. "미안해. 어제 늦게 오느라 못했어. 오늘 퇴근하고 와서 해줄게." 그런데 그날 저녁에 퇴근하고 집으로 돌아와 보니 냉장고 위치가 바뀌어져 있었습니다. 어떻게 된 일이냐고 물어보니 아내가 답합니다. "내가 힘 좀 썼어."

이때 남편은 할 일이 없어져 좋았던 게 아니라 이상하게도 소외감을 느낍니다. 아내가 자신을 의지하기를 바라는데 아내 혼자서도 씩씩하게 잘 해내는 것을 보면서 남편은 자신의 존재 가치를 잃어버린 것 같은 느낌이 드는 것입니다.

남편은 아내가 얼마나 도덕적인 사람인가에 감동받지 않습니다. 남편이 원하는 아내는 윤리 교사가 아닙니다. 남편은 아내가 자신을 깊이 의존하는 관계 속에서 감동을 받습니다. 남편은 그 가정의 리더라는 사실이 존중될 때, 자신이 이 가정의 책임자라는 사실과 함께 이 가정에 소속되었음을 느낍니다. 그러면서 사랑이 깊어집니다.

그런데 아내가 비합리적인 이유로 복종하지 않습니다. 그런 아내에게서 어떻게 의존의 감정을 느끼겠으며, 자신이 존중받음을 깨달을 수 있겠습니까? 사사건건 자신의 의견에 반기를 들면서 거친 말을 내뱉는 아내에게서 어떻게 이 여자에게 자신이 중요한 사람이라는 것을 알 수 있겠습니까? 일반적으로 남편이 이런 아내와 좋은 정신적 연합을 이루며 사는 일은 결코 쉽지 않습니다.

사회적으로 명망이 높은 사람이 있었습니다. 그리스도인은 아니었지만 교육자였으며 모범적인 가장이었습니다. 그랬던 그가 화류계 여성과 사랑에 빠졌습니다. 발단은 친구에게 이끌려 술집에 갔는데 자신이 원하는 것을 마음을 다해 해주는 최초의 여성을 그곳에서 만난 것입니다. 그 여성과 함께 있을 때면 자신이 굉장히 중요한 사람인 것 같은 느낌이 들었습니다. 그래서 부지런히 그 술집을 찾아갔습니다. 그 여성이 자신을 진심으로 사랑하고 있었는가는 중요하지 않았습니다. 자신이 그 여성과 함께 있을 때 귀중하게 존중받고 있음을 느꼈다는 사실이 중요했습니다. 이러한 사례는 부부간의 정신적이고 인격적인 연합이 느슨해졌을 때 어떤 일이 일어날 수 있는지를 보여줍니다.

주 안에서

남편과 아내 사이에 있어야 하는 이 명령은 '주 안에서' 주어졌습니다. 이는 남편에 대한 아내의 복종이 신앙 안에서 이루어져야 한다는 사실을 의미합니다. 아내가 남편의 요구에 복종함으로써 하나님의 명령을 현저히 어기거나 하나님을 온전히 사랑하는 데 심각한 장애가 오지 않는 한, 아내는 신앙 안에서 남편에게 복종해야 합니다.

하나님께서는 아내들의 복종을 원하시지만 신앙을 거스르면서까지 남편에게 복종하는 것을 원하지는 않으십니다. 만약 남편들이 신앙에서 벗어난 것을 요구한다면 아내는 지혜롭게 그것을 거절해야 합니다. 신앙의 본질을 양보하면서까지 남편에게 복종할 의무가 아내에게는 없습니다.

제가 예전에 다니던 교회에서 있었던 일입니다. 한 자매의 남편이 매주 금요일 밤이면 낚싯대를 챙겨서 떠났습니다. 그렇게 떠나면 주일 낮이나 저녁때가 되어서야 돌아옵니다. 그러면 아내와 아이들만 교회에 갑니다. 그 문제로 부부가 자주 다투었습니다. 아내가 따집니다. "당신은 한 집안의 가장인데 어떻게 그렇게 무책임할 수 있어? 왜 가정을 팽개치고 허구한 날 낚시만 다니는 거야?" 그러면 남편이 받아칩니다. "그러면 너도 따라오면 되잖아! 너는 예수가 좋아서 교회로 가고 나는 낚시가 좋아서 강으로 가는데 왜 시비야? 나한테 교회 오라고 하지 말고 너와 아이들이 낚시에 따라오면 되잖아!" 아내가 곰곰이 생각해 보니 남편 말이 맞는 것 같기도 합니다. 이렇게 살면 남편과의 사이가 점점 더 멀어질 것만 같았습니다. 가정이 잘되어야 신앙 생활도 잘할 수 있을 것 같았습니다. 그래서 남편을 따라 낚시를 다니기 시작했습니다. 그런데 늦게 배운 도둑질에 날 새는 줄 모른다고, 이제는 아내가 낚시하는 재미에 푹 빠졌습니다. 그렇게 온 가족이 교회를 떠났습니다.

우리가 현실적으로 살펴보면 믿지 않는 남편이 아내에게 요구하는 것 중에 신앙의 절개를 꺾지 않으면 순종할 수 없는 것은 일부분에 지나지 않습니다. 물론 어떤 남편은 이렇게 요구할 수도 있습니다. "너 교회 나가지 말아! 계속 교회 나갈 거면 나랑 갈라서자!" 그러나 대부분은 이렇게 극단적이지 않습니다. 일반적으로 남편들이 원하는 것은 아내가 자신을 존중해 주고 자존감을 지켜 주는 것입니다. 그런데 남편이 한 마디 잔소리하면 아내는 두 마디로 대들고, 남편이 조금 불평하면 아내가 더 크게 소리를 지릅니다. 남편이 무엇인가를 요구해도 남편을 무시하며 순종하지 않는 아내에게서 사랑을 느낄 수 있는 남자는 거의 없습니다.

마땅하니라

성경은 아내들이 남편에게 복종하는 것이 주 안에서 마땅하다고 말합니다. '마땅하니라.' 는 헬라어 성경에 아네켄으로 되어 있는데, 그 원형인 아네코는 '적합하다.', '꼭 맞다.', '어울리다.', '일치하다.' 라는 의미입니다(엡 5:4, 몬 1:8).

아내가 복종하는 것이 무엇에 어울리고 무엇에 적합하다는 말일까요? 하나님께서는 가정을 만드실 때 그 가정을 통해 이루고자 하는 목적이 있으셨습니다. 아내가 남편에게 복종하는 것이 가정을 향한 바로 그 하나님의 목적을 이루는 데 가장 적합하고 필요하다는 것입니다.

몇 년 전에 우리 교회 여성도 한 사람이 곤고하게 사는 친구를 불러내어 같이 점심이나 먹자고 청했습니다. 그런데 친구를 만나서 점심을 먹기 전에 오늘 주일이고 하니 우리 교회에 한번 가 보자고 설득해서 데리고 왔습니다. 그 친구는 그때 남편에게 너무 지쳐 이혼을 결심하고 이혼 서류에 도장을 찍으라고 계속 요구하던 중이었습니다. 마침 그날 설교 제목이 '이혼을 생각하는 그대에게'였는데, 그 친구가 큰 은혜를 받았습니다. 그리고 회개하고 나서 예수님을 영접했습니다.

그녀는 집에 돌아가서 남편을 불렀습니다. 아마 남편은 이렇게 생각했을 것입니다. '이 마누라가 또 이혼 도장을 찍으라고 하는구나!' 둘이 마주 앉았습니다. 갑자기 아내의 어깨가 떨리기 시작하더니 남편 앞에 무릎을 꿇었습니다. "여보, 그동안 내가 잘못했어. 우리 집 불화의 원인은 나였어. 당신을 너무 괴롭혀서 미안해." 하면서 펑펑 울었습니다. 그때 남편의 반응이 어떠했겠습니까? 남편의 마음도 함께 무너졌습니다. "아니야, 내가 잘못했어. 정말 미안해."라고 말하면서 함께 끌어안고 울었습니다. 그리고 서로를 용서하고 새출발을 하였습니다.

논과 밭이 끝없이 이어진 평야를 생각해 보십시오. 몇 달 동안 비가 오지 않다가 어느 날 폭우가 쏟아졌습니다. 만약 관개 시설이 제대로 갖추어져 있지 않다면 그 폭우는 홍수가 되어 어마어마한 토사를 실어 나르며 논과 밭을 쓸어 버릴 것입니다. 그러나 관개 시설이 잘 갖추어져 있으면 많은 양의 비가 내려도 그 물이 바둑판 모양으로 된 수로를 따라 흐르면서 땅을 두루 적시지 않겠습니까? 그러므로 하나님께서 세우신 질서 안으로 들어가야 합니다. 그래야 하나님께서 사랑을 부어 주실 때 그 질서의 물길을 따라 사랑이 흐를 수 있습니다.

하나님의 사랑으로 복종하라

인간의 사랑, 인간의 힘으로는 아내가 남편에게 복종하는 것이 쉽지 않습니다. 오류나 흠이 없으시며 나를 한없이 사랑하시는 하나님께도 온전히 순종하지 못하는데 남편에게 순종하는 것이 어찌 쉽겠습니까?

남편이라는 사람이 어떤 때는 논리에도 안 맞고 인격도 제대로 갖추어지지 않았습니다. 아는 것도 부족하고 좋은 신앙을 가진 것도 아닙니다. 그런 남편에게 어떻게 아내가 쉽게 복종할 수 있겠습니까? 더욱이 두 사람 사이에 갈등이 생기면 미움과 원망이 고개를 듭니다. 그런데도 성경은 아내들에게 이 질서로 돌아가라고 명령합니다.

만약 남편에게 복종하는 것이 그 사람 안에 있는 어떤 탁월함 때문이라면 그것이 얼마나 지속될 수 있겠습니까?

그러므로 우리에게는 하나님의 사랑으로 피차 복종하는 일이 필요합니다(엡 5:21). 하나님 안에서 사랑하는 일이 필요합니다. 그리스도의 사랑으로 존경하기에는 모자라는 사람이지만 존경하고, 사랑하기에는 모자라는 사람이지만 사랑합니다(빌 2:3). 또 순종하기에는 모자라는 사람이지만 그리스도의 은혜로 순종할 힘을 얻습니다. 인간의 힘으로는 그것이 불가능해 보이지만 하나님 앞에 간절히 기도하면 하나님께서 그럴 마음도 주시고 힘도 주십니다. 남편을 위해서 간절히 기도하고 자기 속에 있는 교만을 회개하면, 남편을 가정의 머리로 사용하시는 하나님의 손이 보입니다. 그 남편 때문이 아니라 하나님 때문에 가정의 질서를 받아들이게 됩니다.

남편은 실망시켜도 남편을 사랑하게 만드셨던 하나님께서는 아내를 실망시키는 법이 없으십니다. 남편의 아름다움이 끝나는 그 지점에서도 하나님의 아름다움은 계속됩니다(시 27:4). 그래서 사랑할 수 있습니다. 성경은 말합니다. "사랑은 여기 있으니 우리가 하나님을 사랑한 것이 아니요 하나님이 우리를 사랑하사 우리 죄를 속하기 위하여 화목 제물로 그 아들을 보내셨음이라"(요일 4:10). 사랑의 원천은 하나님뿐이십니다. 그리고 참으로 아름다운 모든 것들은 하나님으로 인해서 아름답습니다(시 27:4, 65:4).

하나님을 향한 사랑이 있어야 하나님께서 세우신 질서를 기뻐할 수 있고 그때 아내는 주 안에서 남편에게 복종할 수 있습니다. 가정의 회복을 위해서는 이 질서에 확고히 선 아내가 필요합니다.

아내들은 그동안 상처도 많았고 시련도 있었을 것입니다. 아내로서의 외로움과 고독도 있었을 것입니다. 세상의 정신도 여러분에게 남편에게 눌려서 살지 말라고 말합니다. 남편보다, 자식보다 너의 행복이 우선이라고 가르칩니다. 이 세상에 나의 만족보다 더 큰 가치는 없다고 소리칩니다. 젊은 날에 남편에게 억압당하고 살았으니 이제 복수하면서 살아도 된다고 말합니다. 그러나 성경은 우리에게 그렇게 가르치지 않습니다. 누군가는 먼저 자신을 허물고 자기를 부인할 수 있어야 합니다. 그리고 성경은 여러분에게 그 사람이 되라고 여러분을 "아내들아"(골 3:18, 벧전 3:1)라고 부릅니다.

맺는 말

오늘 밤, 잠들어 있는 남편의 얼굴을 한번 유심히 바라보십시오. 오늘 저녁 남편이 집에 와서 괜히 짜증을 내고 이불을 뒤집어쓰고 잠만 잡니다. 하루 종일 기다린 가족에게 저렇게밖에 못하나 하고 섭섭한 마음이 들겠지만, 어쩌면 남편은 오늘 오전에 해고 통보를 받았을 수도 있습니다. 치열한 경쟁 속에서 실적 때문에 매일 고통받으면서 퇴사의 압력을 받고 있을 수도 있습니다. 그 날이 상사로부터 험한 말을 듣고 자존심이 무척 상한 날일 수도 있습니다. 남편들은 그 모든 것들 중에 집에 와서는 지극히 일부분밖에 이야기하지 않습니다.

이제는 서서히 죽음의 기운이 남편의 육체에 스며들고 있습니다. 남편의 친구들도 하나둘씩 세상을 떠납니다. 그때 남자가 느끼는 절망적인 고독감은 말로 표현할 수 없습니다. 아이들도 아빠를 가까이하지 않습니다. 아이들에게 가까이 다가가 보려고 하지만 아이들이 자꾸 아빠를 피합니다. 아내와의 관계도 서먹하기만 합니다. 남편은 자신이 일평생 가족을 위해 헌신하며 살아왔다고 주장하지만 가족 가운데 아무도 그렇게 생각하는 사람은 없습니다. 그는 그렇게 살아온 인생의 날들 속에서 자신의 존재의 의미를 묻지만 답은 나오지 않습니다. 그 모든 것들을 견디면서 가족을 한없이 사랑해야 하는데 그럴 힘이 모자랄 때가 많습니다.

더욱이 때때로 아내는 남편에게 감당하기 어려운 거친 상대입니다. 가정의 질서는 깨졌습니다. 그 속에서 남편은 사회적으로는 무능하고, 가족과는 의사소통이 안 됩니다. 일생을 열심히 살았는데 가족은 자기에게서 받은 상처가 많다고 말합니다. 어쩌면 그런 남편은 자신이 인생의 패배자라고 생각하고 있을지도 모릅니다.

여러분, 그런 남편을 긍휼히 여기면서 가족으로 품으십시오. '우리 남편이 그동안 얼마나 외로웠을까! 세상에서 시달리고 가정에서 인정받지 못하였으니 얼마나 마음이 힘들었을까! 그런 남편을 이해하고 불쌍히 여길 수 있는 마지막 사람이 내가 아닌가!' 이렇게 생각하고 여러분이 먼저 남편에게 다가가 보십시오. 남편에게 따뜻하게 사랑을 표현하고 섭섭하게 한 일이 있다면 미안하다고 말해 보십시오. "당신이 우리 집 가장이어서, 나의 남편이어서 고맙다."라고 말해 보십시오. 어쩌면 여러분의 그 말 한마디가 하나님께서 세우신 가정의 질서로 돌아가는 첫걸음이 될지도 모릅니다.

적용과 실천을 위한 나눔

3장 아내의 덕목, 복종하라

결혼한 이들에게

전통 사상과 시대 정신과 달리 성경이 말하는 복종의 의미, 곧 우열이 아닌 질서의 개념인 복종을 통해 새롭게 깨달은 부분은 무엇입니까?

남편이 머리가 되는 가정의 질서를 세우기에 부딪치는 어려움이 있다면 구체적으로 무엇입니까?

아내의 복종을 통해 부부가 연합을 누린 최근의 경험을 나누어 봅시다.

결혼하지 않은 이들에게

하나님께서 가정에 세우신 질서 가운데, 자신이 특별히 받아들이기 어려워하는 질서가 있다면 나누어 봅시다.

아름답고 질서 있는 가정의 모습을 여러분은 어디서 발견하고 있습니까? 자신이 부러워하는 가정, 앞으로 만들고 싶은 가정의 구체적인 모델을 나누어 봅시다.

자매들에게 훌륭한 남편이 아니어도 자신의 배우자에게 주님 안에서 복종할 수 있겠습니까? 복종하기 어려울 때 가장 필요한 것은 무엇이라고 생각합니까?

형제들에게 하나님께서는 남편을 가정의 머리로 세우셨습니다. 머리에는 큰 책임이 따릅니다. 그 책임이 무엇일지 나누어 봅시다.

남편들아 아내를 사랑하며 괴롭게 하지 말라 골 3:19

4장

남편의 덕목, 사랑하라

우리가 사랑할 수 있을까?

요즘 우리는 남편과 아내가 서로에게 충실히 헌신하여 행복한 가정을 이루었다는 이야기보다는 부부 관계에서 도덕적 상식을 깨거나 유쾌한 반전이 있는 이야기들에 더 많은 관심이 갑니다. 가정과 부부 관계에 대한 성경의 가르침보다 그런 이야기들이 더 재미있게 들리는 것은 그만큼 거칠어진 우리의 마음을 반영하는 것일지도 모릅니다.

골프를 치던 한 신사의 공이 숲으로 굴러 들어갔습니다. 그가 투덜거리며 공을 찾고 있는데 요정이 나타났습니다. "하늘에서 당신을 쭉 지켜보고 있었습니다. 당신은 참 괜찮은 사람인 것 같습니다. 그래서 제가 세 가지 소원을 들어주려고 합니다. 그런데 한 가지 주의할 점이 있습니다. 그것은 당신이 무슨 소원을 말하든지, 당신의 아내는 당신이 받는 것의 두 배를 받게 된다는 점입니다."

뜻밖에 나타난 요정의 말을 들은 그 사람은 매우 기뻐하면서 첫 번째 소원을 말했습니다. "요정님, 그러면 제가 골프를 잘 치게 해주십시오. 지금 부부 동반으로 골프를 치고 있는데, 저희 부부가 너무 못 쳐서 꼴찌입니다." 요정이 대답했습니다. "좋습니다. 그런데 당신의 아내는 당신보다 두 배로 잘 치게 됩니다." 그 사람은 즐거워하며 대답했습니다. "상관없습니다. 어차피 우리는 부부끼리 합산하니까요." 그러고는 두 번째 소원을 말했습니다. "제가 백만장자가 되게 해주십시오." 요정은 다시 한번 규칙을 상기시켰습니다. "좋아요. 그런데 당신의 아내는 당신보다 재산이 두 배가 더 많아질 거예요." "괜찮습니다. 어차피 우리는 부부니까요." 요정이 마지막 세 번째 소원이 무엇이냐고 물었습니다. 그 남자는 한참 동안 생각하더니 요정의 귀에 속삭였습니다. "제게 약한 심근경색을 주세요."

누가 지어낸 이야기인지는 몰라도 보이지 않는 벽을 사이에 두고 살아가는 오늘날의 부부의 현실을 꼬집는 것 같습니다.
부부로 살다 보면 아내를 사랑하는 것이 정말 어려울 때가 있습니다. 아내가 자신의 자존심에 상처를 내었을 때, 폭력과 폭언으로 수치심을 안겨 주었을 때, 자신을 외롭게 할 때가 바로 그때입니다. 이런 상황이 반복되면 남편은 때때로 깊은 고독감을 느끼면서 이 여자와의 결혼 관계의 끈을 계속 붙들어야 하는지에 대해 고민하게 됩니다.

아가페의 사랑으로 사랑하라

본문은 남편들에게 아내를 사랑하라고 명령합니다. "남편들아 아내를 사랑하며"(골 3:19). 여기에서 '사랑하며' 라고 번역된 부분은 헬라어 성경에서 아가파테라는 명령형 동사가 사용되었습니다. 아가파테는 아가파오라는 동사의 활용이고, 이 단어의 명사형이 바로 여러분이 잘 아는 아가페입니다.

우리나라 말은 '사랑' 이라고 할 때 그 대상이 누구인지에 상관없이 하나의 단어를 사용하여 표현합니다. 부모와 자식 간에도, 연인 사이에도, 인류 전체에 대한 것도 모두 '사랑' 이라고 부릅니다.

그런데 이 성경이 쓰였던 당시 로마의 지배 아래 있는 지역들에서는 헬라어(그리스어)를 공용어로 사용하였는데, 이 헬라어는 그 대상이 누구이냐에 따라서 사랑을 다르게 표현했습니다. 남녀 간의 사랑은 에로스, 형제 간의 사랑은 필리아, 부모 자식 간의 혈연적인 사랑은 스톨게, 인간에 대한 신의 무조건적인 사랑은 아가페라는 단어로 표현하였습니다.

성경은 남편에게 아내를 사랑하라고 명령하면서 그 사랑이라는 말에 에로스가 아니라 아가페를 사용하고 있습니다. 성경은 남편에게 아내를 아가페의 사랑으로 사랑하도록 가르치고 있습니다. 이 명령은 교회 안의 성도들에게는 매우 의미 있는 것이었고, 교회 밖의 로마 사람들에게는 낯설고 충격적인 것이었습니다. 당시 사람들에게 이 명령이 왜 충격적이었는지를 이해하기 위해서는 1세기 로마 사회와 가정에 대해 살펴보는 것이 필요합니다.

로마 사회와 아내

골로새서가 쓰였던 당시 로마 사회는 기본적으로 가정을 근간으로 이루어져 있었습니다. 로마의 통치자들은 가정이 견실하여 확고한 질서 위에 있을 때 안정된 국가를 이룩할 수 있다고 믿었습니다. 그래서 정부는 아이들의 교육과 가정의 행복을 위해 많은 노력을 기울였습니다.

전통적인 연구에서 로마의 가정은 보편적으로 대가족 사회였고 공동체적 성격이 강한 것으로 여겨졌습니다. 하지만 최근의 연구에 따르면 남녀 간의 사랑을 중심으로 이루어진 작은 단위의 가정도 꽤 많이 있었던 것으로 밝혀졌습니다. 어쨌든 로마는 기본적으로 남존여비 사상이 지배하던 사회로서 여성들은 남성에 비해 열등하다는 인식이 있었습니다. 그래서 인간에 대한 이해라든지 가정의 질서, 사회의 구조 등 모든 것이 남성 중심으로 흐르고 있었습니다.

로마 시대의 남성은 힘과 권력, 사회적인 권위로 가정을 통제하였습니다. 자녀를 복종시켜 올바른 시민으로 자라게 하였고, 아내를 철저한 규율 속에 가두었습니다. 그들은 이처럼 가부장적인 체제를 구현하는 것이 이상적인 가정이라고 믿었습니다. 그렇기 때문에 아내의 역할은 가정이라는 울타리를 벗어날 수 없었습니다. 만약 아내가 가정을 벗어나서 공공장소에서 모습을 드러내거나 자신의 의견을 발표한다면 이것은 모두 남편을 욕되게 하는 것이었습니다.

최근까지 알려진 학계의 연구에 의하면 1세기 로마 시대 인간의 평균 수명은 25세 정도였다고 합니다. 그중에서도 특히 가임기 여성들의 사망률이 높았는데 이는 아이를 낳다가 죽는 경우가 많았기 때문입니다. 이런 상황에서 여성의 위치는 매우 불안할 수밖에 없었습니다. 아내도 여성이었으니까 남성의 에로스 사랑의 대상은 될 수 있었겠지만, 당시 모든 상황을 고려해 볼 때 로마의 대다수의 남편들은 아내를 아가페 사랑의 대상으로는 생각하지 않았습니다. 오히려 남자들은 여자들을 얕잡아 보고 위협했으며, 필요에 따라서는 폭력으로 다스려야 하는 존재로 여겼습니다.

골로새서가 쓰인 당시의 사회적 상황을 고려해 볼 때 아내를 아가페의 사랑으로 사랑하라는 성경의 가르침은 그 시대 사람들에게 매우 생소하고 충격적인 것이었습니다. 이는 그리스도인들이 세상의 질서와는 다른 질서를 따라 살도록 부름받은 존재임을 보여줍니다. 그리스도인들은 완전한 하나님의 나라를 바라보면서 살아야 할 하나님의 백성으로서 이 세상의 가치관에 대해 저항하면서 살아야 함을 깨닫게 하는 것입니다.

사랑의 성향과 행위

그렇다면 사랑이란 무엇일까요? 본질적인 의미에서의 사랑은 '타자와 끊임없이 관계를 맺고자 하는 영혼의 경향성(傾向性)'입니다. 이것이 마음에서 작용할 때는 '성향'(性向)으로 나타나는데, 좋아하는 감정(感情)을 동반합니다. 또한 현상적인 의미에서의 사랑은 '사람들과의 관계 안에서 발견되는 인격적인 교제의 행위'라고 할 수 있습니다. 이것은 단지 감정만의 문제가 아니라 이성(理性)에 속한 문제이기도 합니다.

이런 점에서 볼 때 마음이 움직여서 하는 사랑만이 사랑이라고 하는 것은 사랑을 지나치게 감정의 측면에서 본 것입니다. 이에 비하여 감정의 움직임이 없을 때에도 사랑의 관계가 요청하는 의무를 해야 하기 때문에 사랑해야 한다는 주장은 사랑을 이성의 측면에서 본 것입니다.

근대 이후로 서양에서는 대체로 사랑을 감정 쪽에 두려는 경향이 강했지만, 동북아에서는 사랑을 우선적으로 이성의 기능에 두었습니다.

유교에서는 사람이 갖추어야 할 네 가지 마음가짐을 인의예지(仁義禮智)라고 보았는데, 후일 한(漢) 나라 시대에 와서 동중서(董仲舒, BC 179경-BC 104경)라는 인물이 여기에 '신'(信)을 더하여 '오상'(五常)이라고 불리게 되었습니다.

아무튼 동북아의 사상에서는 이 인·의·예·지 네 가지는 사람이 원래부터 자기 안에 가지고 있는 것이 아니었습니다. 오히려 인간은 인의예지를 이룰 수 있는 가능성이 있는 존재로 여겨졌습니다. 즉 인간이 어떻게 사느냐에 따라서 인의예지를 이룰 수도 있고, 그렇지 못해 짐승과 같은 삶을 살 수도 있다고 보았던 것입니다.

여러분은 성리학의 사단칠정론(四端七情論)에 대해서 들어본 적이 있을 것입니다. 사단칠정이란 문자 그대로 '사단'(四端), 곧 '네 가지 발단'과 '칠정'(七情), 곧 '일곱 가지 정'을 의미합니다. 사단은 인간의 본성에서 우러나오는 선천적이고 도덕적인 능력을 말하는데, 이성에 속하는 작용입니다. 이와 대조적으로 칠정은 인간의 본성이 사물과 만날 때 표현되는 감정입니다. 이 두 개념을 두고 유학자들이 논쟁을 벌이기는 했으나, 정리하자면 사단칠정은 이성만 있고 감정이 없는 인간도 인간다운 삶을 영위할 수 없고 이성 없이 감정만 출렁거리는 삶도 진정한 의미에서의 인간다운 삶이라고 할 수 없음을 보여줍니다.

사단은 측은지심(惻隱之心), 수오지심(羞惡之心), 사양지심(辭讓之心), 시비지심(是非之心)으로 이루어집니다. 불쌍한 자를 측은히 여기는 자비로운 행동을 실제로 실행할 때, 측은지심으로 '인'(仁)을 이룹니다. 자신의 옳지 못함을 부끄러워하고 남의 옳지 못함을 미워하는 마음을 행동으로 보일 때, 수오지심은 '의'(義)를 이룹니다. 겸손하여 남에게 사양할 줄 아는 마음을 실제로 실천할 때, 사양지심은 '예'(禮)를 이룹니다. 또한 오류와 진리 사이에서 올바른 것을 용기 있게 행동으로 옮길 때, 시비지심은 '지'(智)를 이룹니다.

유교에서는 사람이 이와 같이 의지를 가지고 인의예지를 이루고 사는 것이 참인간으로 사는 대의라고 보았습니다. 그런데 여기에서 '인'(仁)은 타인에게로 뻗어 나가는 관심과 사랑이라고 할 수 있습니다.

맹자(孟子, BC 372경-BC 289경)는 측은지심이 인을 이룰 수 있는 실마리라고 보았는데, 이를 '인지단'(仁之端)이라고 합니다. 누군가를 불쌍히 여기는 측은지심은 곧 동정심입니다. 맹자는 인간과 인간 사이를 잇는 마음, 타인의 불행을 남의 일로 여기지 않는 마음, 즉 동정심이 인의 근본이라고 보았습니다.

이 측은지심이 이성에 속한 사단의 하나라는 것은 동북아 사상이 사랑을 이성의 기능으로 보고 있음을 보여줍니다. 그렇다고 해서 인간을 이성적 존재로만 본 것은 아닙니다. 인간은 사단과 함께 칠정, 즉 희노애구애오욕(喜怒哀懼愛惡慾)의 출렁거리는 감정의 영향을 받아서 이런 삶을 살기도 하고 저런 삶을 살기도 하는 존재로 보았습니다.

제가 성경을 설교하면서 굳이 유교의 인간관에 대해 이야기하는 것은 거기서도 우리는 인간이 어떠한 존재이며 인간의 삶이 무엇인지를 알고 싶어하는 지혜에 대한 보편적인 갈망을 만날 수 있기 때문입니다.

성경은 결코 사랑을 단지 감정의 문제로만 보지 않습니다(눅 6:33, 35). 그렇다고 이성만의 작용이라고도 하지 않습니다. 성경적으로 사랑은 이성과 감정 전체에 걸쳐 있는 전인적인 영혼의 작용이라고 할 수 있습니다. 그러므로 감정적으로 그렇게 되기 때문에 사랑하는 것만이 사랑이 아니라 이성적으로 그렇게 해야 하기 때문에 사랑하는 것까지를 포함하는 것이 진정한 사랑입니다.

해야 하는 사랑에 직면하다

사랑에는 '되니까 하는 사랑'이 있고 또 '해야 하기 때문에 하는 사랑'이 있습니다. 이것은 두 종류의 사랑이라기보다는 사랑의 두 가지 측면을 말하는 것입니다. 다시 말해서 사랑의 성향적인 측면과 의무적인 측면을 가리키는 것입니다.

젊은이들이 연애를 할 때는 서로 사랑하려고 노력하지 않아도 저절로 사랑이 됩니다. 아침에 잠에서 깨어나면 그 사람이 보고 싶고, 만나고 돌아서면 생각납니다. 밤이 되면 그 사람 생각을 하다가 잠이 듭니다. 사랑하는 사람을 위해서 희생하는 것은 고통이 아니라 즐거움입니다. 이런 사랑은 '되니까 하는 사랑' 입니다.

그러나 결혼한 후에는 항상 그런 식으로 사랑이 되는 것만은 아닙니다. 남편과 아내로 살아갈 때 저절로 사랑이 되는 경우도 있지만, 때로는 의지적으로 사랑하려고 노력해야 할 때도 많습니다. 그때는 '되니까 하는 사랑' 이 아니라 '해야 하기 때문에 하는 사랑' 의 필요성에 직면하게 됩니다.

아직 결혼하지 않은 사람들에게는 결혼에 대한 환상이 있습니다. 그것은 자기 아니면 죽고 못 사는 남성 혹은 여성을 만나는 것입니다. 하지만 그런 사람은 만나기도 어렵거니와 그런 사람과 결혼을 하는 것은 매우 위험합니다. 감정의 동요가 심한 사람들은 이성적으로 사랑해야 할 때 그렇게 하지 못하는 경우가 많기 때문입니다. 어떤 사람에게 '되는 사랑' 이 뜨겁다고 해서 '해야 하는 사랑' 도 그렇게 되리라는 보장은 없습니다.

모든 것에서 균형을 이루는 것이 매우 중요합니다. 그래서 남녀가 서로 사랑할 때도 이성과 감정의 균형을 이루고 있는 사람의 사랑이 훨씬 더 믿을 만합니다.

저는 결혼한 지 10년, 15년이 지났는데도 남편의 목소리가 들리면 가슴이 설렌다는 아내를 가끔 만납니다. 멀리서 남편이 걸어오는 모습만 보아도 얼굴이 붉어진다는 여성도 드물게 만났습니다. 그러나 그처럼 결혼한 지 오래된 남자 가운데서는 아내에 대해 그렇게 말하는 사람을 만나지 못했습니다.

오늘날 신경과학에서는 사랑이라는 감정의 물리적 원인을 몇 가지의 신경전달물질과 호르몬에서 찾습니다. 처음 사랑에 빠질 때는 도파민, 노르에피네프린, 페닐에틸아민 등의 화학물질의 작용으로 격렬한 연정의 감정을 느끼게 되지만, 그 후 2-3년이 지나면 이러한 작용들은 약해지고 바소프레신, 옥시토신, 엔도르핀 등의 호르몬 작용으로 보다 안정적인 사랑의 감정을 갖게 된다는 것입니다.

이와 같은 설명에 반발하는 학자들도 많지만, 어쨌든 이러한 과학적 설명은 사람이 사랑하기 시작할 때 일어나는 착각 현상, 소위 '콩깍지'의 유효 기간이 길어 봤자 2-3년을 넘지 못한다는 사실을 알려 줍니다. 물론 사랑에 대한 이러한 설명을 전적으로 받아들일 필요는 없습니다. 호르몬을 비롯한 신경전달물질이 인간의 심리나 행동에 영향을 끼친다는 사실은 어느 정도 인정하지만, 인간이라는 존재는 그런 물리적이고 화학적 작용에 규칙대로 반응하는 단순한 기계가 아니기 때문입니다. 인간에게는 다른 자연적 사물에는 없는 '마음'이 있으며, 인간의 도덕적 결정은 단지 뇌의 물질뿐만이 아니라 다양한 요인들의 종합적인 작용의 영향을 받으면서 이루어집니다.

부부로 살아가다가 권태기가 찾아옵니다. 넉넉하게 잡아도 2-3년이 지나면 관계가 시들해집니다. 그때 아이가 태어납니다. 아이가 태어나면 부부의 관심사가 아이에게로 옮겨 갑니다. "여보, 오늘 아이가 웃었어!" "오 그래, 어떻게 웃었어? 아! 지금 웃는다!" 아이를 징검다리 삼아 부부간의 소통이 이루어집니다. 그러다가 첫째 아이가 어느 정도 자라면 아이의 모든 일상이 예전과 같은 놀라움을 불러일으키지 못합니다. 그때 또 둘째 아이가 태어납니다. 그러면 부부에게는 새로운 세상이 또 열립니다. 둘째 아이는 첫째 아이와는 또 다른 즐거움을 주기 때문입니다.

남편과 아내가 그렇게 살다 보면 두 사람 사이에 에로스의 사랑 같은 뜨거움이나 가슴 설렘보다는 친구 같은 감정이 흐르고 가족애가 흐르면서 관계가 더 끈끈해집니다. 대부분의 부부가 그렇게 살아갑니다. 하지만 이것은 단지 압축해서 설명한 것입니다. 그래서 부부로 사는 것이 쉬운 일처럼 들립니다.

그러나 부부는 긴 세월을 함께 지내면서 온갖 풍파를 다 겪습니다. 수많은 갈등과 고통이 왔다가 사라지고, 때로는 사라지지는 않았지만 덮어지고, 그러다가 또다시 찾아오기도 합니다. 때로는 상대방의 결함이 찌르는 칼이 되어 아물기 어려운 상처를 남기기도 합니다. 이것이 바로 우리가 살아가는 인생입니다.

그런데 성경은 남편에게 아가페의 사랑으로 아내를 사랑하라고 명령합니다. 아가페는 결코 될 때만 하는 사랑이 아닙니다. 하나님께는 사랑이 되지 않을 때가 없으시지만 우리에게는 그럴 때가 많습니다. 사랑하고 싶을 때뿐만 아니라 사랑할 수 없을 때도 사랑하는 것, 용서하고 싶을 때뿐만 아니라 용서할 수 없을 때도 용서하는 것이 하나님께서 우리에게 바라시는 사랑입니다. 그래서 우리는 사랑할 수 있을 때뿐만 아니라 사랑할 수 없을 것 같은 때에도 사랑하려고 노력해야 합니다.

그러면 결함이 많은 아내를, 자신의 기대에 어긋나는 아내를 사랑할 수 없을 때에도 사랑하며 사는 길은 무엇일까요? 한낱 인간에 불과한 남편이 어떻게 하나님의 사랑인 아가페의 사랑을 실천할 수 있을까요? 이러한 현실적 고민은 사랑의 원천이 어디에서 오는 것인가에 대해 생각하게 합니다. 그래서 아가페와 까리따스에 대한 이해가 반드시 필요합니다.

아가페와 까리따스

성경은 사랑의 원천이 하나님이시라고 말합니다. "사랑은 여기 있으니 우리가 하나님을 사랑한 것이 아니요 하나님이 우리를 사랑하사 우리 죄를 속하기 위하여 화목 제물로 그 아들을 보내셨음이라"(요일 4:10).

이 세계와 인간을 창조하기 전에도 하나님께서는 사랑이셨습니다. 성부와 성자와 성령의 삼위 하나님 안에서 서로 사랑하셨습니다. 하나님께서는 이 사랑으로 인류를 창조하셨고 창조된 인류와 영적인 관계를 맺고 가족과 같은 사랑 안에서 교제하며 살기를 원하셨습니다(엡 1:10).

하나님께서는 아담과 하와를 직접 창조하셨습니다. 그리고 그 이후의 인류는 인간의 몸을 통해서 태어나도록 하셨습니다. 하와가 아담의 갈비뼈로 만들어졌음을 생각한다면 모든 인류는 결국 한 몸에서 유래되었음을 알 수 있습니다. 그래서 아담과 하와가 서로 사랑했을 때 그것은 두 사람만을 묶는 사랑이 아니었습니다. 하나님께서는 아담과 하와 두 사람이 사랑함으로써 하나님께로부터 온 그 사랑이 자식에게로 그리고 이웃에게로 더 나아가 온 인류에게로 확장되기를 바라셨습니다. 그리하여 자연 세계와도 화목한 관계를 이루기를 원하셨습니다(사 11:6-9).

이처럼 최초의 사람인 아담과 하와가 누렸던 부부간의 사랑은 자기만족적인 이기심 안에서 머무는 것이 아니라 하나님과 이웃을 향해 끊임없이 뻗어 나가는 우주적인 사랑이었습니다. 그래서 한 사람 아담에게서 유래한 인류는 "이는 내 뼈 중의 뼈요 살 중의 살이라"(창 2:23)는 고백을 서로가 서로에게 하면서 사랑하며 살 것이었습니다.

그러나 인류는 타락했고 사랑해야 할 사람들 간의 관계는 찢어졌습니다. 창세기 2장에서 아름다운 사랑의 고백을 나누었던 아담과 하와의 가정은 창세기 3장에 가서는 파경에 이르고 말았습니다(창 3:12). 이것은 아담과 하와가 서로 싸웠기 때문에 일어난 일이 아니었습니다. 각자가 하나님 앞에 범죄하였더니 부부간의 관계가 깨졌던 것입니다. 그것은 곧 남편과 아내 사이의 사랑의 깨어짐이었습니다(창 3:16).

이 관계의 깨어짐은 사랑의 결핍과 미움, 시기 등으로 나타났을 뿐만 아니라 아담과 하와의 자녀 안에서 살인 사건이 발생함으로써 여실히 드러났습니다(창 4:8). 또한 인간은 정복하고 다스려야 할 자연으로부터 해를 당하게 될지도 모른다는 두려움 속에서 사는 존재로 전락하였습니다. 그래서 땀 흘려 노동을 하는 고통을 통해서 겨우 먹고 살 수 있는 존재가 되었습니다(창 3:19).

사람은 하나님께로부터 충만한 영적 생명과 사랑을 받음으로써 그분의 형상을 부여받은 존재답게 살 수 있었습니다(요 1:4, 5:26). 하나님의 생명과 사랑은 곧, 다른 사람을 사랑할 수 있게 하는 힘입니다. 그러나 하나님과의 관계가 깨어짐으로 말미암아 사람은 하나님의 생명과 사랑에서 소외되었습니다. 그러자 다른 사람들과의 관계도, 자연과의 관계도, 심지어 자신과의 관계도 깨어지게 되었습니다.

이런 관계를 고치기 위해 하나님께서는 인간에게 끊임없는 자비와 사랑과 긍휼을 베푸셨고 더없는 사랑을 보여주셨으니, 그것이 바로 그리스도의 성육신(成肉身) 사건입니다(요 1:14, 롬 5:8). 사람의 몸을 입고 이 세상에 오신 성자 하나님께서는 가난하고 병들고 고통받는 사람들과 함께하셨고, 마지막에는 십자가에 못 박혀 죽으셨습니다(빌 2:8).

그리스도께서는 하나님의 아가페 사랑의 현현이셨습니다. 그 아가페 사랑에 대한 인간의 반응이 까리따스, 곧 '지순의 사랑'(至純愛)입니다(엡 5:2). 다시 말해서 까리따스는 하나님의 아가페 사랑에 대한 인간의 반응으로서, 아무런 이기심이나 그릇된 동기가 섞이지 않은 하나님께서 베푸신 사랑 때문에 하나님과 이웃을 향해 갖게 된 지순의 사랑입니다. 그 사랑은 하나님의 은총으로부터 유래되지만 하나님뿐만 아니라 하나님 때문에 사랑하여야 할 모든 인간들과 사물들을 향한 사랑을 포함합니다. 성경은 이런 사랑으로 아내를 사랑하라고 합니다. 그리고 오직 하나님의 은혜만이 이런 까리따스를 가져옵니다.

절망적인 기준

에베소서 5장은 남편이 아내를 사랑하되 그 기준이 어떠해야 할지를 제시합니다. 성경은 남편들에게 아내 사랑하기를 그리스도께서 교회를 사랑하시고 교회를 위해 자신을 주심같이 사랑하라고 명령합니다. "남편들아 아내 사랑하기를 그리스도께서 교회를 사랑하시고 그 교회를 위하여 자신을 주심같이 하라"(엡 5:25).

아내들은 지금이 어떤 시대인데 남편에게 복종하라고 하느냐고 말할지 모르지만, 남편들은 더 높은 수준의 명령을 받고 있습니다. 그리스도께서 십자가에 죽기까지 교회를 사랑하신 것처럼 아내를 사랑하라는 명령입니다.

도대체 이것이 가능하기나 한 명령입니까? 사랑이 되지 않을 때도 아내를 사랑하되 건성으로가 아니라 그리스도께서 교회를 위해 십자가에 못 박혀 생명을 버린 것처럼 그렇게 아내를 사랑하라니요? 그것은 아내를 위해 남편이 죽기까지 사랑해야 한다는 의미가 아닙니까? 도대체 어느 남편이 이 기준 앞에서 아내를 충분히 사랑했다고 말할 수 있을까요?

예수 그리스도께서는 바로 이 일을 위해 자신을 주셨습니다(롬 5:8). 그분은 교회를 정결하게 하고 온전하게 하기 위해 당신 자신을 십자가에서 제물로 바치셨습니다(엡 5:2). 그뿐만 아니라 지금도 구원한 우리를 돌보시고 끊임없이 용서하십니다. 그리고 용서받은 우리가 온전케 되기까지 교회를 사랑하기를 쉬지 않으시는 하나님의 아들 예수 그리스도이십니다(롬 8:34). 예수 그리스도의 교회를 향한 이런 사랑을 생각할 때, 남편들은 자신이 부름받고 있는 아내 사랑의 높은 기준 앞에서 절망할 수밖에 없습니다.

그리스도께서는 완전한 하나님이셨기에 인간들을 무한히 사랑하는 것이 가능했지만 우리는 그렇지 않습니다. 우리는 죄인이기 때문에 아내의 결점과 결함, 심지어 오류를 발견하면서 그것이 나를 이 여자의 남편으로 불러 주신 이유라고 쉽게 생각하지 못합니다.

더구나 아내를 온전케 하기 위해서 얼마나 많은 남편의 희생이 요구되는지를 생각한다면, 자신의 힘으로 그것을 성취하려는 시도 자체가 무모한 일임을 발견합니다. 그래서 이처럼 부족한 아내를 사랑하려고 하면 할수록 남편은 자기가 한 인간을 끝까지 사랑할 수 없다는 사실에 직면합니다. 진정한 사랑이 자신 안에서 시작되지 않는다는 사실을 깨닫게 됩니다(요일 4:10). 사랑하라고 부름받은 사명과 자신 속에 사랑의 능력이 없는 현실 사이에서 끊임없이 고민하기 시작합니다.

성경은 예수 그리스도께서 교회를 끊임없이 사랑하시는데 교회에 바라시는 목표를 "물로 씻어 말씀으로 깨끗하게 하사 거룩하게 하시고 자기 앞에 영광스러운 교회로 세우사 티나 주름 잡힌 것이나 이런 것들이 없이 거룩하고 흠이 없게 하려 하심이라"(엡 5:26-27)라고 합니다.

이와 마찬가지로 남편이 아내를 사랑하는 목표는 그가 예수 그리스도 안에서 거룩하고 흠이 없는 사람이 되는 것입니다. 진정한 결혼의 정신은 그것입니다. 남편이 아내의 희생을 발판으로 삼아 자신의 비전을 성취해야겠다고 생각하는 것은 성경적인 사고가 아닙니다. 오히려 남편은 아내를 만나서 그의 허물과 잘못, 나쁜 것을 발견할 때마다 이렇게 생각해야 합니다. '저 사람이 나를 만나지 않았더라면 저런 상태에서 일평생 살았을 텐데 하나님께서 나를 만나게 하셔서 아내의 모자라는 부분까지 채우게 하셨구나!'

이런 고백을 하고 나면 남편은 하나님을 의지하지 않을 수 없습니다. 바로 이런 깨달음을 위해서 남편에게 결함이 있는 아내를 붙여 주셨습니다. 그리하여 서로를 섬기면서 결함과 약점을 고치기도 하고 용납하기도 하면서 살게 하셨습니다(창 2:18). 만약 남편이 참으로 아내를 사랑한다면, 아내의 결점과 결함을 볼 때 가여운 마음이 들 것이고 이런 결점을 보완하여 그가 온전한 사람이 될 수 있다면 자신은 아무래도 괜찮다고 고백할 것입니다.

사랑의 힘을 공급받으라

어느 한 시기에 유행하는 우스갯말은 당시의 사회 의식을 반영합니다. 다음과 같은 이야기들이 우리 주위에 널리 퍼지면서 사람들에게 공감을 불러일으키는 것은 우리가 그 시대의 정신에 지배받고 있기 때문입니다.

남자들이 모여서 이야기를 나누었습니다. 그중의 한 친구가 다른 친구에게 묻습니다. "이번 달이 자네 부부 결혼 10주년이라며?" "어, 맞아." "자네 와이프한테 무슨 선물을 해줄 거야?" "아내가 늘 집에서 살림하고 아이들 키우느라 고생해서 이번에 호주 여행시켜 주려고." 주위에서 친구들이 와 하며 놀랍니다. 질문을 한 친구가 다시 묻습니다. "대단하다. 10주년에 호주 여행이라니! 그럼 20주년에는?" 그 남자가 대답합니다. "그때 데려와야지."

어떤 남자가 임종 직전에 아내를 불렀습니다. "여보, 내가 아무래도 더 이상은 못 살 것 같아." "그런 소리 하지 마세요." 평생을 남편과 싸우면서 살았지만 죽기 직전의 그의 모습이 안쓰러워 아내가 말합니다. "여보, 내가 유언 하나만 할 테니 꼭 들어주오." "뭐든지 말씀하세요." 생전 처음 착한 여자처럼 앉아 있는 아내에게 남편이 마지막 유언을 남깁니다. "내가 죽거든 절대 혼자 살지 마. 굳이 그렇게 외롭게 살 필요 없어. 나 죽으면 바로 시집 가서 행복하게 살아." 아내가 무한 감동을 받으면서 마음속으로 생각했습니다. '사람이 죽을 때가 되면 철이 든다더니······.' 남편이 말을 잇습니다. "나 죽으면 내 친구, 아무개랑 결혼해서 행복하게 살아." 아내가 깜짝 놀라서 되묻습니다. "여보! 그 사람은 일평생 당신을 괴롭히던 나쁜 놈이잖아." "그래, 맞아. 당신과 그 사람을 맺어 주는 것이 내가 그 자식한테 할 수 있는 최대의 복수야!"

이런 이야기가 인격적으로 아내에게 사랑받고 또 아내를 사랑하는 남편들에게는 그리 우습게 들리지 않지만, 그렇지 않은 남편들에게는 공감을 불러일으키는 통쾌한 이야기가 됩니다. 오늘날 이러한 우스갯말들이 유행하는 것은 부부 관계가 사랑도 없이, 어떠한 어려움을 함께 극복할 힘도 없이 피상적인 관계가 되었음을 보여줍니다.

우리가 살다 보면 아가페의 사랑으로 아내를 사랑하는 것이 정말 어려울 때가 있습니다. 가정을 이루기 위한 교육이라는 것을 받아 보기는 했는지 의심하게 만드는 아내들도 있고, 자신의 성질을 한 번도 죽여 본 적 없이 남편이 자신의 성질을 모두 받아 주는 것이 사랑이라고 생각하는 아내들도 있습니다.

남편이 주님의 말씀대로 아내를 사랑한다고 해서 아내가 항상 자신의 잘못을 인식하는 것도 아니고 자신의 결점으로 인해 남편에게 미안해 하는 것도 아닙니다. 오히려 사랑하는 마음으로 지적하면 대들기 일쑤이고 사랑이 식었다고 토라지는 것이 일반적인 아내들의 모습입니다.

가정에서 자기를 꺾고 다른 사람과 어울려 사는 교육을 받아 본 적이 없는 남녀가 있다고 칩시다. 어른이 되어서도 여전히 왜 그렇게 살아야 하는지 모르는 채 이 남녀는 적령기가 되었다는 이유로 결혼을 했습니다. 그런데 결혼은 무한한 사랑을 필요로 하는 일이었습니다. 이상한 남자와 망가진 여자가 만나서 평생 동안 무한히 자기를 희생하며 살아야 하니 어찌 힘이 들지 않겠습니까?

아우구스티누스는 하나님의 은혜 없이는 하나님의 뜻에 순종할 수 없다는 사실을 알았습니다. 그래서 그는 『고백록』에서, 하나님께서 원하시는 것을 내게 명령하시기 전에 당신이 원하는 것을 행할 수 있는 능력을 먼저 달라고 어린아이처럼 하나님 앞에 매달렸습니다. 그것은 곧 선을 행하게 하는 힘인 '은혜'를 간구하는 것이었습니다.

인간의 힘으로는 그 관계를 지속할 수 없습니다. 그래서 남편과 아내에게는 매일매일 부어지는 은혜가 필요합니다. 그 은혜를 받을 때 남편은 까리따스의 사랑으로 아내를 사랑할 수 있습니다.

예수 그리스도께서 사람의 몸을 입고 이 세상에 오신 것은 망가진 인간 관계가 인간 스스로의 힘으로는 복구될 수 없었기 때문입니다. 그래서 예수님께서는 먼저 인간과 하나님과의 관계를 새롭게 하셨습니다(롬 5:10-11). 그 관계가 회복된 후에 인간은 하나님께로부터 오는 은혜를 힘입어 사람들과의 관계를 회복할 수 있게 되었습니다. 은혜가 다른 사람들과 관계를 지속할 수 있게 하는 사랑의 힘이기 때문입니다.

맺는 말

　한 인간이 세상에 태어나서 수많은 사람들에게 분에 넘치는 사랑을 받으면서도 외로울 수 있지만, 단 한 사람을 마음 바쳐 사랑하는 사람은 결코 외롭지 않습니다. 주님의 말씀과 같이 주는 것이 받는 것보다 복되기 때문입니다(행 20:35).

　그러나 한 사람을 마음 바쳐 사랑하는 일은 결코 쉽지 않습니다. 인류를 사랑하는 것보다 훨씬 더 어려운 일은 바로 내 옆에 있는 한 사람을 사랑하는 것입니다. 아프리카 아이들의 굶주림 때문에는 눈물 흘리기 쉽습니다. 북한의 인권 문제에는 마음 아파할 수 있습니다. 그러나 자기 옆에 있는 한 사람을 사랑하여 그 사랑에 끝까지 책임지는 것은 매우 어려운 일입니다.

　그래서 인간의 완성은 높은 지위에 도달하는 것이나 엄청난 재물을 소유하는 데 있지 않습니다. 인간의 완성은 사랑의 완성에 있습니다. 그러므로 한 사람의 인간성의 완성도는 그가 하나님과 다른 사람과 어떻게 사랑의 관계를 맺으며 사는지에 달려 있습니다.

　남편들에게 말합니다. 그리스도께서 여러분을 어떻게 사랑하여 하나님의 자녀라 칭함을 받게 하셨는지 생각해 보십시오(요일 3:1). 그리스도께서는 십자가에서 피 흘려 죽으시기까지 우리를 사랑하셨습니다. 그리고 우리에게 그 사랑으로 아내를 사랑하라고 하십니다. 우리는 십자가 아래에서 끊임없이 하나님의 아가페의 사랑을 받음으로써, 다른 사람을 사랑할 힘을 공급받습니다(골 1:11).

우리는 그 은혜의 힘으로 용서할 수 없는 사람들을 용서하고 용납할 수 없는 사람들을 용납할 수 있게 됩니다. 자신이 이전에 아내를 사랑한 것도 하나님께서 자신에게 베푸신 은혜 때문이었음을 알게 됩니다.

그렇기에 한 남편이 자신의 아내를 사랑하려고 노력하는 과정은 곧 신자로서 하나님을 절대적으로 의존하는 과정이 됩니다. 주님께서 베풀어 주신 그 많은 은혜가 바로 이 일을 위한 것입니다.

적용과 실천을 위한 나눔

4장 남편의 덕목, 사랑하라

결혼한 이들에게

결혼 이전의 사랑과 결혼 이후의 사랑에서 달라진 점은 무엇입니까?

부부가 나누어야 할 사랑은 구체적으로 어떤 것이라고 생각하는지 자유롭게 이야기해 봅시다.

남편들에게 아내를 사랑하는 것이 가장 어려울 때는 언제입니까? 그럴 때 자신은 어떻게 하고 있습니까?

아내들에게 남편이 자신을 사랑하는 것이 가장 어려울 때는 언제라고 생각합니까?

배우자를 아가페의 사랑에서 말미암은 까리따스의 사랑으로 사랑하기 위해 스스로 결심한 바가 있다면 나누어 봅시다.

결혼하지 않은 이들에게

평소 자신이 생각하던 사랑이란 어떤 것이었습니까? 이번 장을 읽으며 결혼 후 나누어야 할 사랑에 대해 새롭게 고려하게 된 부분이 있다면 나누어 봅시다.

삶에서 '되니까 하는 사랑'이 아니라 '해야 하기 때문에 하는 사랑'의 필요성에 직면할 때가 있습니까? 그러한 경험이 있다면 나누어 봅시다.

미래의 배우자를 아가페의 사랑에서 말미암은 까리따스의 사랑으로 사랑하기 위해 지금 무엇을 해야 할지 나누어 봅시다.

남편들아 아내를 사랑하며 괴롭게 하지 말라 골 3:19

5장

남편의 덕목, 괴롭게 하지 말라

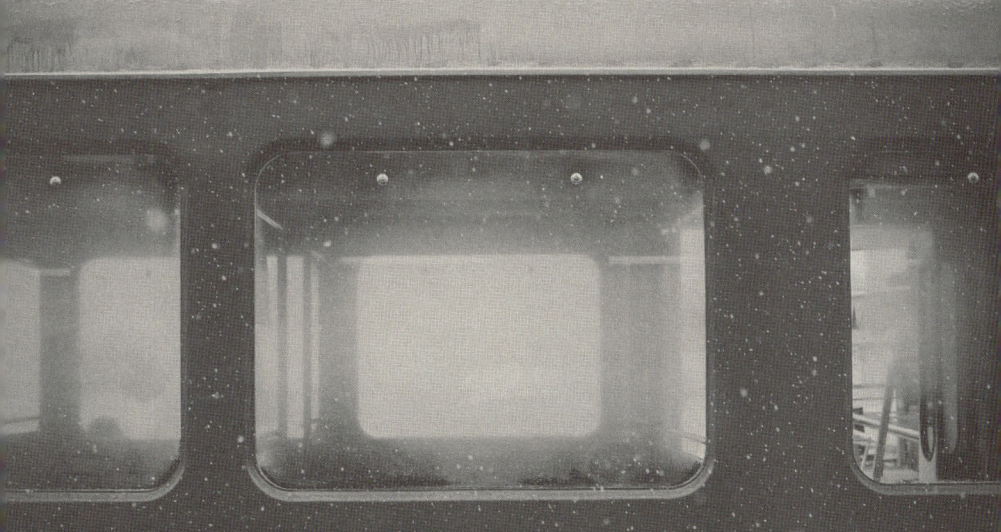

어떻게 사셨습니까?

　　　　　　　최근 10여 년 사이에 황혼 이혼이 사회 문제로 대두되었습니다. 대부분의 황혼 이혼이 평생 동안 숨죽이며 살아왔던 아내들이 은퇴한 남편에게 요구해서 이루어지는 양상입니다. 이러한 황혼 이혼의 경우 젊은 시절에 아내를 억눌러서 복종시켰던 남편들이 자신이 뿌린 것을 거두는 것일 때가 많습니다. 황혼 이혼과 같은 극단적인 현실은 아니더라도, 많은 남편들이 은퇴 이후 씁쓸한 현실과 마주합니다.

　그들은 일평생 바쁘게 살았습니다. 이제 은퇴할 나이가 되어 직장을 떠나게 되었습니다. 본인이 그만두려고 하는 것이 아니라 회사에서 떠나라고 요구합니다. 그렇게 직장 생활을 끝내고 집으로 돌아왔습니다. 그리고 깨닫습니다. '역시……마지막에 남는 것은 가정밖에 없구나!'

　남편은 그제야 젊은 시절에 아내를 함부로 대했던 것, 자녀에게 관심을 가져 주지 못했던 것, 가정에서 큰소리 내며 폭압적으로 군림했던 것을 반성합니다. 그는 시간의 여유가 생긴 지금부터는 가족과 함께하겠노라고 다짐합니다. 그동안 아내와 아이들에게 잘해 주지 못했던 것들을 반성하며 이제부터라도 잘 대해 주려고 노력합니다. 은퇴한 그의 의식에 커다란 변화가 일어난 것입니다. 생전 안 하던 설거지를 하고,

빨래도 정리하면서 아내를 돕습니다. 아내가 외출한 사이에 집안 청소도 말끔하게 하는데 예전에는 상상도 못한 태도의 변화입니다. 그는 가능한 많은 시간을 가족과 함께 보내려고 노력하면서 자신의 그러한 변화를 가족 모두가 기뻐할 것이라고 생각했습니다. 그러나 그것은 엄청난 착각이었습니다.

젊은 시절 바쁘게 사회 활동할 때는 자녀와 함께하지 못했지만 이제는 자녀와 대화도 하고 차도 함께 마시고 싶습니다. 그래서 아이들이 있는 1층으로 내려와서 같이 앉으면 아이들은 2층으로 올라갑니다. 아이들이 무엇을 하고 있을까 궁금해서 2층으로 따라 올라가면 이번에는 자기네들 방으로 들어가 버립니다. 아이들과의 거리를 조금이라도 좁히고 싶어서 용기를 내어 방문을 두드리면 아이가 문을 잠그는 소리가 들립니다. "얘, 뭐하니?" 하고 몇 번 더 방문을 두드리면 아이들은 집 밖으로 나가 버립니다.

아내도 남편과 함께 시간을 보내는 것을 그리 좋아하지 않습니다. 한 설문 조사에서 은퇴 후 필요한 것이 무엇인지에 대해 물었습니다. 남녀 모두 첫 번째로는 '건강'을 꼽았습니다. 그러나 그 다음부터는 달라집니다. 남성들은 두 번째로 '배우자'를 꼽았습니다. 하지만 여성들은

'돈'을 꼽았습니다. 남성들은 노년에 배우자가 중요하다고 생각하였는데, 여성들은 살아가는 데 배우자보다는 돈이 더 도움이 된다고 여긴 것입니다. 이런 우스갯소리가 있습니다.

은퇴 후 남편이 가장 두려울 때는 아내가 곰국을 한 솥 가득 끓일 때라고 합니다. 곰국을 끓여 놓고는 며칠 동안 여행을 떠나기 때문입니다. 그러면 남편은 쓸쓸히 곰국을 먹으면서 아내 없이 홀로 며칠을 보내야 합니다.

아내도 변합니다. 새댁 시절처럼 늘 남편의 사랑에 목말라하면서 기다리는 것이 아닙니다. 대부분의 부부에게 그러한 시기는 젊었을 때 잠깐뿐입니다. 그 시기에 잘해 주지 못하면 남편은 더욱더 긴 시간 동안 아내에게 귀찮은 존재가 되어 버리고 맙니다. 그러므로 나이 들어서 잘해 주려고 하지 말고 젊은 시절부터 아내에게 잘해 주십시오. 단지 돈을 많이 벌어다 주고 선물을 사주는 데 그치지 말고 부부간의 인격적인 사랑의 관계를 돈독히 하십시오. 아내를 따뜻하게 대해 주고 자신의 몸인 것처럼 사랑하십시오. 성경은 말합니다. "네 샘으로 복되게 하라 네가 젊어서 취한 아내를 즐거워하라"(잠 5:18).

사랑함과 괴롭게 하지 않음

성경은 아내를 사랑하라는 명령에 이어 남편에게 말합니다. "아내를 괴롭게 하지 말라"(골 3:19). 이것은 아내를 사랑하라는 명령과 별도의 것이 아닙니다. 사랑하는 것이 아내에 대한 남편의 덕목의 적극적인 측면이라면 괴롭게 하지 않는 것은 소극적인 측면입니다.

"괴롭게 하지 말라"는 구절에서 '괴롭게 하다.'에 해당하는 헬라어는 피크라이네스데인데, 이 동사의 원형 피크라이노는 '사람에게 쓰라리게 하다.', '격분하게 하다.', '아프게 하다.' 등을 의미합니다(계 8:11, 10:9-10). 이 단어는 '소나무'를 가리키는 퓨케라는 단어에서 유래되었으며, 여기서 '쓰디쓴', '심한', '비통한', '가혹한' 등을 의미하는 형용사 피크로스가 나오기도 했습니다(약 3:11, 14). 성경은 남편들에게 아내가 이런 감정을 느끼지 않도록 주의하라고 경고합니다.

아내를 괴롭게 하지 말라는 성경의 말씀은 남편이 아내를 괴롭히는 것이 본성상 얼마나 쉬운 일인지를, 그래서 아내에게 상처를 주지 않는 것이 얼마나 어려운 것인지를 알려 줍니다. 정복과 개척에 적합한 남성성은 죄가 들어오면서 나쁜 방식으로 거칠어졌습니다. 그리고 섬세하였던 여성성은 죄로 인해서 자신이 받는 상처에 대해 예민하게 반응하도록 하였습니다. 그리하여 남성은 상처를 주기 쉬워졌고, 여성은 상처를 받기 쉬운 존재가 되었습니다.

남편은 한때 자신의 '뼈 중의 뼈요 살 중의 살'이라고 생각하던 아내를 고통스럽게 괴롭힙니다. 뿐만 아니라 아내는 남편이 주는 작은 고통에도 분노를 참지 못하고 큰 복수를 꿈꾸는 잔인한 사람으로 변해 버렸습니다. 이것이 바로 인간의 죄로 말미암아 나타난 끔찍한 결과입니다.

이러한 사실은 인간의 죄성을 극복하고 인간성을 회복시키시는 하나님의 은혜 없이는 참다운 가정의 회복이 불가능하다는 것을 보여줍니다.

괴롭힘이 아닌 것

그러면 본문에서 말하는 아내를 괴롭히는 것은 무엇일까요? 우선 다음의 것들은 본문에서 말하는 괴롭힘이 아닙니다.

첫째로 이것은 일반적인 의미의 고난을 가리키지 않습니다. 하나님께서 이 세상을 창조하셨을 때는 세계도 완전하고 인간도 온전했기에 고통이 없었습니다. 그러나 죄가 들어온 이후에는 세상도 인간도 불완전하게 되었습니다. 그런 불완전한 세상 속에서 불완전한 인간이 살아가는 데는 언제나 고난이 있기 마련입니다. 우리는 고통 가운데 있습니다(롬 8:22). 지금도 도처에서 사건 사고가 일어납니다. 자연재해로 많은 사람들이 고통을 받습니다. 예상하지 못한 질병에 걸리기도 합니다. 이것은 남편의 포악함이나 아내의 결점 때문에 생기는 고난이 아닙니다. 이 세상과 인간의 일반적인 불완전함 때문에 나타나는 당연한 고난으로서 선한 사람이든지 악한 사람이든지에 상관없이, 하나님을 사랑하든지 사랑하지 않든지와는 상관없이 모든 사람이 당하는 고난입니다(잠 15:15 참고). 하지만 본문의 괴롭힘은 이런 일반적인 의미의 고난을 말하는 것이 아닙니다.

둘째로 이것은 하나님의 뜻을 따르는 데서 오는 고난도 아닙니다. 누구든지 하나님의 뜻에 순종하고자 할 때는 반드시 희생과 고통이 따르기 마련입니다(벧전 1:11, 2:20). 이 세상이 불완전하기 때문이기도 하지만, 인간이 태어날 때부터 선을 행하기에 모자라고 악한 존재이기 때문입니다. 그러한 인간이 선하신 하나님께 온전히 순종하기 위해서는 자기를 꺾는 희생이 필요하고, 하나님께 헌신하기 위해서는 자신이 누릴 수 있는 것을 양보하지 않으면 안 됩니다. 이때 인간은 괴로움을 느끼는데 본문의 괴롭힘은 이런 순종에서 오는 고통이 아닙니다.

부부에게도 이런 고통이 있습니다. 아내와 남편은 서로를 섬기는 사람이기 이전에 하나님 앞에 살도록 부름을 받은 신자입니다(창 17:1 참고). 그래서 자신을 아내 혹은 남편에게 맞추기보다는 하나님의 말씀에 맞추어야 합니다. 그런데 거기에는 항상 고통이 따르기 마련입니다. 이것은 남편이 아내에게 혹은 아내가 남편에게 사과하거나 용서를 빌어야 할 그런 고난이 아닙니다. 하나님의 자녀로서 하나님의 뜻을 따라 살기 위해 마땅히 치러야 하는 대가입니다.

사랑 없음에서 나오는 괴롭힘

본문에서 말하는 괴롭힘은 아내의 부족한 부분을 사랑으로 용납하지 못하고 들추고 비난하거나 고의로 힘들게 하는 것을 가리킵니다. 사랑은 허다한 허물을 덮습니다(벧전 4:8).

남편의 사랑 없음에서 비롯된 이러한 옹졸하고 야비한 태도는 아내에게 많은 괴롭힘을 줍니다.

하나님을 모르는 사람들에게 결혼의 목적은 단지 둘이 행복하게 사는 것이지만 하나님의 자녀에게는 또 다른 소명이 있습니다. 그것은 부족한 사람들끼리 함께 살면서 하나님의 영광을 드러내는 것입니다(마 5:16).

기질상으로도 맞지 않고 생각도 서로 다른 남자와 여자가 만나 서로를 용납하고 받아들여서 남편과 아내로 살아가야 하는데, 사람 안에는 그 모든 일을 감당할 충분한 사랑이 없습니다. 우리는 그 힘을 우리를 구원하신 그리스도의 십자가 사랑에서 받습니다(골 1:20-23). 십자가의 사랑을 점점 더 깊이 깨닫게 될 때 상대방을 용납하고 사랑할 수 있게 됩니다. 그러한 과정을 통해서 우리는 주님의 성품을 풍성하게 경험할 뿐만 아니라 우리를 통해서 주님을 드러내게 됩니다. 하나님께서는 이 일을 위해 여러분을 부부로 불러 주셨습니다. 그러나 그 일은 쉽지 않습니다.

어느 날 아내가 남편의 지갑을 열어 보았습니다. 그랬더니 자신의 사진이 지갑 한가운데 끼여 있었습니다. 그래서 아내가 물었습니다. "여보, 내 사진을 지갑에 넣고 다녔어?" "당연하지." "언제부터?" "한 10여 년 됐지." 아내가 활짝 웃으면서 물었습니다. "그럼 내 사진 자주 보겠네?" 남편이 답합니다. "물론 하루에도 몇 번씩은 쳐다보지!" 아내가 행복해

하면서 물었습니다. "내 사진을 볼 때마다 기분이 어때?" "당신 사진을 볼 때마다 인생을 살아갈 힘과 용기가 샘솟는 거 같아." 아내의 마음에 감동이 밀려옵니다. 아내가 좀더 자세히 말해 달라고 조릅니다. "여보, 난 사업을 하다가 어려운 일이 생기면 당신 사진을 봐. 그러고는 스스로에게 이렇게 말하지. 이런 여자도 데리고 사는데 내가 뭘 못하랴! 이런 가혹한 운명도 감당하는데 이까짓 일쯤이야!"

아내들 중에는 독특한 기질로 남편을 힘들게 하는 여성이 있습니다. 아주 깊은 우울질의 경향이 있다든지, 남자처럼 억세서 여성다움이라고는 전혀 찾아볼 수 없는 여성도 있습니다. 남편으로 하여금 그녀 앞에 서기만 하면 한없이 작아지는 자신을 발견하게 하는 드센 여성도 있습니다. 씀씀이가 대범해서 평범한 남편은 감당하기 어려운 소비 습관을 지닌 여성도 있습니다. 이 세상이 자기 뜻대로 돌아가는 줄 아는, 자기 주장이 강한 여성도 있습니다. 그런 사람과 함께 사는 것은 쉽지 않습니다.

그때 남편으로서 자신이 왜 이런 여자를 만났을까 하는 고민을 하게 되면 해결할 길이 없는 깊은 수렁에 빠지는 것입니다. 그런 생각은 결혼하기 전에 해야 합니다. 일단 결혼하고 나면 남편은 아내의 기질과 성향을 자신의 운명이라고 생각해야 합니다. 결혼을 결심하고 한 여자를 자신의 배우자로 맞아들인다는 것은 그 사람의 장점만 받아들인다는 의미가 아니라 그 사람이 갖고 있는 모든 것을 자신의 운명으로 받아들이겠다는 서약입니다.

그러므로 남편들이 아내의 부족한 부분을 핑계 삼아 아내를 괴롭히는 것은 아내의 결함 때문이 아니라 아내의 부족한 부분을 용납하지 못하는 그의 사랑 없음 때문입니다. 언제나 참된 사랑은 자신의 부족을 알게 하고 사랑하는 사람에 대해 자신이 이런 사람밖에 되지 못하는 실존에 대해 용서를 빌게 합니다.

예수님을 만나고 십자가의 사랑을 깊이 경험할 때마다 우리가 하나님 앞에 너무나 죄송한 것은 '나 자신'이었습니다. 내가 '지금의 나인 것'이 하나님께 정말 죄송했습니다. 더 많은 은혜를 받고 변화되어서 지금의 나보다 더 나은 사람이 되었더라면 좋았을 텐데 지금의 나밖에 안 되는 것이 항상 그분께 죄송했습니다. 나의 죄와 불순종, 하나님의 마음을 아프게 해 드리는 모든 것들은 결국 '나의 나 됨'에서 비롯되었기 때문입니다. 그래서 이 정도밖에 안 되는 나 자신이 언제나 회개의 이유였습니다. 이처럼 아내를 진실로 사랑하게 되면 아내를 대하는 자신의 태도를 보면서 자신이 이 정도 인간밖에 안 되는 것에 대해 미안한 마음을 갖게 됩니다.

사랑은 모든 허물을 가립니다(잠 10:12). 예전에 아내를 깊이 사랑하던 때에도 아내에게 결점이 있었지만 눈에 보이지 않았습니다. 그런데 이제 사랑이 식었기 때문에 그 결함이 마치 아내의 전부인 것처럼 보이는 것입니다. 그리하여 아내를 사랑할 수 없습니다.

그렇지만 생각해 보십시오. 세상에 결함 없이 완벽한 사람이 어디에 있겠습니까? 어떤 사람이 다른 사람에게 완벽한 만족을 줄 수 있겠습니까? 그런 사람은 결코 없습니다. 결국 부부 관계가 파괴되는 것은 상대방의 결함 때문이 아니라 자신의 결함 때문이며, 상대방을 끝까지 용납하지 못하는 자신의 사랑 없음 때문입니다.

자기를 완성하는 길

참다운 신자는 아내의 약점과 결함을 발견할 때마다 그녀의 약점과 결함을 보충하여 온전한 사람이 되도록 돕는 것이 하나님께서 자신에게 기대하시는 일임을 깨닫습니다. 그래서 배우자의 결점을 볼 때마다 자신의 소명을 발견합니다. 하나님께서 자신을 그녀의 남편으로 부르셨다는 사실과 아내를 용납하지 못하는 자신의 모습 사이에서 이 소명을 이루는 데 방해가 되는 요인이 무엇인지를 발견하는 것입니다. 자신의 어떠한 부족한 부분 때문에 아내를 사랑할 수 없는지를 깨닫게 됩니다. 이때 남편은 자신의 부족한 부분을 고치기 위해 주님께 나아가 은혜를 구합니다. 이처럼 믿음으로 살면 아내의 약점과 결함도 남편의 부족한 부분을 고치는 일에 선하게 사용되니, 아내의 약점과 결함도 남편에게는 은혜의 수단이 됩니다.

경건한 선지자 호세아는 음란하기로 소문난 여자인 고멜에게 장가를 들라는 가혹한 명령을 받았습니다(호 1:2). 그런데 사랑할 수 없을 것 같았던 그녀에게서 사랑을 느꼈습니다. 고멜을 향한 사랑의 마음이 강물처럼 밀려왔고 그 여자를 진심으로 사랑하여 결혼하였습니다. 결혼한 후, 고멜이 외간 남자와 정을 통하고 아이를 낳았음에도 불구하고 호세아에게는 고멜을 향한 긍휼의 마음이 타올랐습니다(호 3:1-3). 호세아의 이 마음은 하나님을 떠나 이방 신상을 섬기는 음란한 이스라엘을 향한 '하나님의 인자', 곧 헤세드의 사랑을 본뜬 것이었습니다.

우리는 호세아의 이야기를 들을 때면 하나님의 가혹한 명령에 어리둥절해집니다. 그리하여 호세아를 가엾게 여깁니다. 방탕한 아내를 끝까지 사랑하며 긍휼히 여겼던 호세아는 큰 손해를 본 것처럼 여겨지고 고멜만이 남편을 잘 만나서 유익을 받은 것처럼 느껴지기 때문입니다.

그러나 그렇지 않습니다. 호세아는 고멜을 사랑하면서 구약의 모든 선지자들보다 더 탁월하게 하나님의 사랑을 맛보았습니다. 그는 그 사랑 때문에 고멜을 더욱 사랑할 수 있었습니다. 고멜 안에 사랑받을 만한 어떠한 것이 있어서가 아니라 호세아 안에 하나님의 사랑이 가득하였기 때문입니다. 아내로부터 사랑을 받지는 못했지만 범죄한 이스라엘과 죄 가운데 있는 자신을 여전히 사랑하시는 하나님의 깊은 사랑을 경험하였으니, 호세아는 "사랑하였으므로 나는 진정 행복하였네라."라고 말할 수 있는 사람이 되었던 것입니다. 그는 이렇게 고멜을 사랑하는 과정을 통해서 자기를 완성해 갔습니다.

인간은 사랑을 받음으로써 완성되는 존재가 아닙니다. 물론 좋은 가정에서 태어나서 가족에게 사랑받는 것은 좋은 인간성을 형성하는 데

도움을 줍니다. 하지만 그것만으로는 자기를 완성하지 못합니다. 인간의 자기 완성은 다른 사람에 의해서 주어지지 않습니다. 그것은 하나님의 은혜로써 이루어집니다. 그 은혜의 힘으로 부족한 사람을 끝까지 용납하고 사랑하는 데서 이루어집니다(엡 4:2). 주님께서 자기를 위해 참으셨던 것과 같이 끝까지 참고 사랑하는 과정을 통해서 자신의 부족한 점을 온전케 하여 가고 자신의 그릇된 점을 고쳐 갑니다. 그렇게 인간은 자기를 완성해 가는 것입니다(히 12:3).

아내를 억압하지 말라

어떤 형제가 제게 면담을 신청했습니다. 그는 자리에 앉더니 이렇게 말했습니다. "목사님, 제가 어떻게 했으면 좋겠습니까?" 그러면서 말을 이었습니다. "목사님, 저는 지금 주님의 뜻과 가정 사이에서 갈등하고 있습니다. 하나님께서는 제게 신학교에 가서 목사가 되라고 하십니다. 그런데 문제는 아내가 그렇게 하기를 싫어한다는 것입니다." 그리고 한마디를 더 덧붙였습니다. "목사님, 제가 아내를 택해야 합니까? 아니면 하나님의 뜻에 따라야 합니까?" 듣고 있던 제가 물었습니다. "아내는 무엇이라고 합니까?" "신학교에 가지 말라고 합니다." 저는 이렇게 대답했습니다. "그것이 하나님의 뜻입니다!"

그 형제는 이해가 안 된다는 표정을 지었습니다. 그래서 제가 말을 보탰습니다. "두 사람은 부부로서, 한 몸으로 부르심을 받았습니다. 그러니 아내가 남편인 그대를 보면서 이 사람이 정말로 하나님께 목회의 소명을 받았다는 것을 당신과의 관계에서도, 하나님과의 관계에서도 몸소 느끼는 것이 바로 하나님의 응답입니다. 그러니 그대의 소명이 확실하다면 아내의 신앙을 위해서 더 많이 기도할 뿐만 아니라 인격적인 삶으로 아내를 설득하십시오."

남편들은 이것을 기억해야 합니다. 자신이 생각하는 것이 아무리 옳다고 하더라도, 자신이 생각하기에 그것이 하나님의 뜻이라는 사실이 아무리 분명하다고 하더라도 그것으로 아내에 대한 억압을 정당화할 수는 없다는 것입니다. 어떠한 경우라도 독단과 강압은 가정을 주신 하나님의 뜻에 대한 올바른 태도가 아닙니다.

하나님의 진리가 한 사람 안에서 결실을 맺는 과정을 생각해 보십시오. 그리스도의 복음은 강압적으로 우리 안에 들어오지 않습니다. 마음에 떨어져서 감동을 주어서 스스로 그 말씀을 받아들이게 합니다. 그렇게 되면 그 말씀이 뿌리를 내리고 가지를 뻗어 꽃을 피우고 열매를 맺습니다(마 13:23). 이것이 진리가 하나님의 형상을 가진 인간의 마음속에 인격적으로 역사하는 방법입니다. 진리조차도 우리를 강압적으로 꺾지 않습니다.

이 세상의 어떤 인간도 다른 사람을 폭력과 폭압으로 다스릴 권한은 없습니다. 그것은 하나님께서 기뻐하시는 바가 아닙니다. 그렇기에 남편들은 아내를 마음대로 주물러서 자신이 원하는 형체를 만들 수 있는 진흙처럼 여기지 마십시오. 그리고 진지하게 생각해 보십시오. 남편들이 아내에게 요구하는 하나님의 뜻이라는 것이 사실은 자신의 뜻일 때가 얼마나 많습니까? 얼마나 많은 사람들이 하나님의 뜻을 빙자하여 아내를 모질게 대하는지 모릅니다. 이런 태도는 가정을 세우신 하나님의 원리를 따르는 것이 아닙니다.

아내와의 관계를 소중히 여기라

아내에 대한 진정한 사랑은 아내를 아는 지식을 바탕으로 이루어져야 합니다. 그리고 신자인 남편의 이러한 태도는 신앙 생활의 성패를 좌우합니다. 남편들은 아내가 연약한 그릇임을 알아야 합니다.

> 남편들아 이와 같이 지식을 따라 너희 아내와 동거하고 그를 더 연약한 그릇이요 또 생명의 은혜를 함께 이어받을 자로 알아 귀히 여기라 이는 너희 기도가 막히지 아니하게 하려 함이라(벧전 3:7).

성경은 아내를 '더 연약한 그릇'이라고 말합니다. 그냥 '연약하다.'라고 하지 않고 '더 연약하다.'라고 했습니다. 누구에 비해서 더 연약하다는 것입니까? 남자에 비해서 그렇다는 것입니다. 남편도 때로는 연약합니다. 그런데 아내는 더 연약하다는 것입니다.

집안에는 여러 가지 그릇이 있습니다. 좀처럼 깨지지 않는 무쇠로 만든 솥이나 양은 냄비도 있고, 마구 굴려도 전혀 아까울 것 없는 값싼 플라스틱 그릇도 있습니다. 그런 것들은 사용하기에 편리하지만 품위가 없습니다. 귀한 손님을 접대할 때면 그런 그릇을 사용하지 않습니다. 오히려 꽃으로 수놓아 불에 구운 예쁜 도자기 그릇이나 섬세하게 조각된 유리그릇에 손님을 대접하면 대접받는 사람도, 대접하는 사람도 흡족합니다. 그런 그릇은 고가의 물건이기도 하지만 잘 깨지기 때문에 매우 조심스럽게 다루어야 합니다. 성경은 남편에게 아내를 그런 연약한 그릇으로 생각하라고 가르칩니다. 연약하면서도 값어치가 없는 것이 아니라 연약하면서도 더할 나위 없이 소중한 것이기에 남편들은 아내를 귀히 여기라고 말합니다.

더욱이 남편이 명심해야 할 사실이 있습니다. 그것은 자신의 아내가 '생명의 은혜를 함께 이어받을 자'라는 사실입니다. 이 생명의 은혜는 단지 우리가 죽은 후에 천국에 들어가서 받게 될 은혜만을 가리키는 것이 아닙니다.

하나님과 인간 사이의 교통의 본질은 생명과 사랑입니다(요 1:4, 6:33, 요일 2:5). 이 생명과 사랑은 중생과 회심을 통해 우리가 예수 그리스도께 접붙여진 순간부터 우리 속에 흘러 들어와서 이 세상과 자신, 그리고 죄를 이길 힘을 줍니다. 이 생명이 곧 사랑이니, 우리로 하여금 다른 사람들을 사랑하며 살게 하는 능력입니다. 이러한 생명적 사랑의 분여와 교통이 바로 본문이 말하는 '생명의 은혜'입니다. 이것은 우리가 이 세상을 사는 동안에도 누릴 수 있고, 죽음 이후에 하나님의 나라에서는 보다 더 충만하게 누리게 됩니다.

성경은 남편에게 아내와 현재 생명의 은혜를 함께 누리고 있으며 앞으로도 함께 누릴 것이기에 그를 귀히 여기라고 말합니다. 이는 남편과 아내의 영적 결합의 독특성을 말해 줍니다. 두 사람은 그리스도께 접붙여져 한 몸을 이룹니다. 이것은 그리스도 안에서 이루어진 지체로서의 결합입니다. 그런데 남편과 아내는 그들만의 독특한 영적 결합을 갖습니다(창 2:23-24). 그래서 이 세상에 사는 동안 아내와의 관계는 남편의 영적 생활에 지대한 영향을 줍니다. 성경이 아내와의 불화가 남편의 기도를 막히게 한다고 경고하는 것도 바로 이 때문이며(벧전 3:7), 남편들에게 아내를 사랑하는 것이 곧 자기 자신을 사랑하는 것이라고 가르치는 이유도 이 때문입니다(엡 5:28).

주님을 위한 섬김은 이 세상을 바꾸는 거대한 일들에만 달린 것이 아닙니다. 매일 주님의 말씀을 따라 아내를 사랑하며 괴롭게 하지 않으려는 모든 노력이 주님을 섬기는 것입니다. 남편인 여러분이 주님의 말씀을 따라, 주님을 사랑하는 마음으로 아내를 사랑하려고 힘쓰기 때문입니다. 그러므로 아내와의 관계를 포기하지 마십시오. 그것이 하나님의 명령이고 지금까지 치열하게 살아온 여러분의 인생에 대한 예의입니다. 다른 모든 일에 성공했다고 하더라도 아내와의 관계에서 실패한 사람은 성공한 사람이라고 할 수 없습니다. 생명의 은혜를 받는 하나님과의 관계가 아내와의 관계에 달렸기 때문입니다.

선물을 하십시오

우리는 연약한 인간일 뿐입니다. 선한 일을 하려고 마음먹어도 그것을 실행할 수 있는 힘이 없을 때가 너무도 많습니다. 대부분의 남편들도 그처럼 평범한 사람일 뿐입니다. 아내와 동행하면서 때로는 마음이 갈리고 상처를 받을 때가 있습니다. 남편으로서 자존심이 상해서 다시는 아내를 보고 싶지 않을 때도 있습니다. 그런 마음을 극복할 수 있는 비결을 하나 가르쳐 드리겠습니다. 그것은 그동안 조금씩 모아 놓았던 용돈으로 아내에게 선물을 준비하는 것입니다.

자신은 별로 잘못한 것이 없는 것 같은데 크게 화를 내는 아내가 이해되지 않습니다. 그래도 아내를 위해 선물을 준비하십시오. 내키지 않는 마음으로 터벅터벅 선물을 사러 걸어 다닐 때 안 좋은 감정이 치밀어 오를 수도 있습니다. '이혼하자고 해도 시원찮을 판에 선물을 사야 하다니!' 이런 생각이 들 때마다 몇 번 크게 숨을 깊게 들이마시고 내쉬십시오. 다시 마음을 가다듬고 아내에게 무슨 선물을 하는 것이 좋을까 고민해 보십시오.

필수품을 선물하는 것도 경제적이어서 좋지만 때로는 사치품이 더 좋은 선물일 때도 있습니다. 아이들에게 학용품은 선물로 느껴지지 않듯이 아내에게 도마나 칼, 고무장갑은 선물로 여겨지기 힘든 법입니다. 피천득(皮千得, 1910-2007) 선생은 『인연』이란 수필에서 이렇게 말했습니다.

선물은 아름다운 물건이라야 한다. 진주 목걸이, 다이아 반지, 댄스할 때 흔들릴 팔찌, 이런 사치품들도 좋은 선물이다.

돈이 많다면 비싼 선물도 좋지만, 그렇지 않다면 작은 선물이라도 여자들이 좋아할 만한 것을 선택하십시오. 여자들은 고가의 선물에만 감동하는 것이 아니라 작은 선물이어도 마음과 정성이 느껴지면 감명을 받는 법입니다. 선물을 마련했으면 예쁘게 포장하고 작은 카드에 손수 글귀도 적어 보십시오. 꽃 한 송이를 함께 준비하면 더 좋습니다.

아내도 아침에 남편과 다투고 하루 종일 마음이 개운하지 않았을 것입니다. 핸드폰을 들었다 놨다를 몇 번 반복하면서 연락하기를 망설였을 것입니다. '먼저 미안하다고 말할까?', '밥은 먹었는지 물어볼까?' 이러저러한 생각으로 괴로운 시간을 보냈을 것입니다. 그때 남편이 퇴근하고 들어옵니다. 아내가 어떻게 화해해야 좋을지 몰라서 눈도 제대로 맞추지 못할 때 남편인 당신이 먼저 말을 꺼내십시오. "여보, 아침에는 내가 미안했어. 사과의 뜻으로 준비한 내 마음이야." 준비한 선물을 아내에게 내미십시오. 아내는 자신이 얼마나 속 좁은 사람이었는가를 생각하면서 부끄러움으로 어찌할 바를 몰라 쥐구멍이라도 찾고 싶은 심정이 될 것입니다. 이것이 바로 복수입니다. 남편인 여러분이 아내에게 할 수 있는 사랑의 복수입니다.

어차피 우리의 인생은 마음먹은 대로 되지 않습니다. 우리가 다른 누군가의 마음에 완벽하게 드는 사람이 아닌 것처럼 여러분의 아내도 그렇게 결함이 있는 사람일 뿐입니다. 남편인 여러분은 아내의 결함을 발견할 때마다 이와 같이 아름다운 복수의 삶을 살아가도록 부름받은 사람입니다.

맺는 말

　　　　　　　　　　한 사람에게 지대한 영향을 미쳐서 온전한 사람으로 만드는 그 소명이 얼마나 고귀한지 생각해 보십시오. 어쩌면 여러분의 아내는 정말 못된 여자일 수도 있습니다. 당신이 극복하기에는 너무 힘든 기질의 사람일 수도 있습니다. 하지만 하나님께서 그런 결함이 있는 줄을 모르시고 여러분을 아내와 만나게 하셔서 부부로 맺어 주셨을까요? 그렇지 않습니다. 하나님께서는 모든 것을 아시는데도 그 사람을 만나게 하셨습니다. 그리고 서로를 '여보', '당신', '남편', '아내'로 부르며 살게 하셨습니다.

　아내는 종종 우리를 실망시키지만 아내를 끝까지 사랑하고 용납하도록 부르신 주님께서는 결코 우리를 실망시키지 않는 신실하신 분입니다. 따라서 그런 아내를 만나게 된 우리의 과거를 후회해서는 안 됩니다. 그런 결함이 있음에도 불구하고 여러분이 섬기지 않으면 안 되는 아내를 만나게 하신 하나님을 원망해서도 안 됩니다. 그런 아내와 살면서 힘들어 하는 이유는, 사실 우리의 믿음이 없어서입니다. 우리가 하나님의 선하심을 의지하는 믿음으로 살면 지금의 고통을 통해서도 하나님께서는 가장 좋은 길로 우리를 인도하실 것입니다(롬 8:28).

　남편에게도 때로는 힘들고 아픈 날이 있을 것입니다. 그리고 여러분의 아내는 여러분이 남편으로서의 역할을 잘 감당하기 위해 얼마나 많은 노력을 기울이는지 알지 못할 수도 있습니다. 그러나 그것이 무슨 상관입니까? 남편인 여러분은 아내의 인정과 칭찬 때문에 아내를 사랑하는 것이 아니라 그리스도께서 베푸신 아가페의 사랑 때문에 아내를 사랑하기로 다짐한 사람들이 아닙니까?

　지금도 예수 그리스도께서는 십자가의 사랑으로 부족한 아내를 사랑하도록 우리를 부르고 계십니다. 아내가 부족하기에 사랑할 수 없다고 말할 수 없도록 죄 많은 우리를 위해 십자가에 못 박혀 죽으심으로 당신이 먼저 그 사랑을 확증하셨습니다(롬 5:8). 그러므로 여러분의 아내를 진심으로 사랑하십시오. 그 사랑 때문에 아내의 결점에 눈이 먼 사람들이 되십시오. 사랑은 삶의 모든 사태에 대한 새로운 해석을 우리에게 제공합니다.

　기독교 신앙에서 최고의 가치는 사랑입니다. 사랑은 모든 은사를 능가하고, 한 사람이 가지고 있는 모든 자연적인 특성들의 우수함보다도 더 탁월합니다. 한 아내의 남편으로 사는 동안 아내를 깊이 사랑하십시오. 예수 그리스도께서 일체의 오래 참으심으로 교회를 사랑하신 것처럼 그렇게 아내를 사랑하여 하나님께서 세우신 가정의 질서를 이루십시오. 그리하여 이 세상 사람들이 우리의 가정을 바라볼 때, 하나님이 누구이신지 알고 싶어하는 그런 가정을 이루시기 바랍니다.

적용과 실천을 위한 나눔

5장 남편의 덕목, 괴롭게 하지 말라

결혼한 이들에게

남편들에게 자신 때문에 아내가 괴로워했던 경험이 있는지 생각해 보고 그것을 나누어 봅시다.

아내들에게 남편으로 인해 괴로웠던 경험을 나누어 봅시다.

모든 사람에게는 약점과 결점이 있을 수밖에 없습니다. 자신의 배우자에게서 그것을 발견했을 때 지혜롭게 대처하였던 경험이 있다면 나누어 봅시다.

하나님의 뜻이라는 미명하에 배우자를 모질게 대한 적은 없는지 돌아봅시다.

결혼하지 않은 이들에게

하나님의 자녀들의 결혼의 목적은 부족한 사람들끼리 만나서 하나님의 성품의 영광을 드러내는 것이라고 합니다. 이 말이 의미하는 바가 무엇일지 나누어 봅시다.

사랑하는 사람의 결점을 보았을 때 그것이 자신의 소명이라고 생각될 수 있겠습니까?

교제하는 사이가 아니더라도 형제는 자매의 어떠한 부분이 견디기 어렵습니까? 자매는 사회 생활과 가정 생활에서 자신의 어떠한 부분을 고쳐야 할지 나누어 봅시다.

기독교 경건의 최고는 사랑입니다. 그 사랑을 어떻게 온전히 이루어 갈 수 있을지 나누어 봅시다.

자녀들아 모든 일에 부모에게 순종하라 이는 주 안에서 기쁘게 하는 것이니라
골 3:20

6장   자녀의 덕목, 부모에게 순종하라

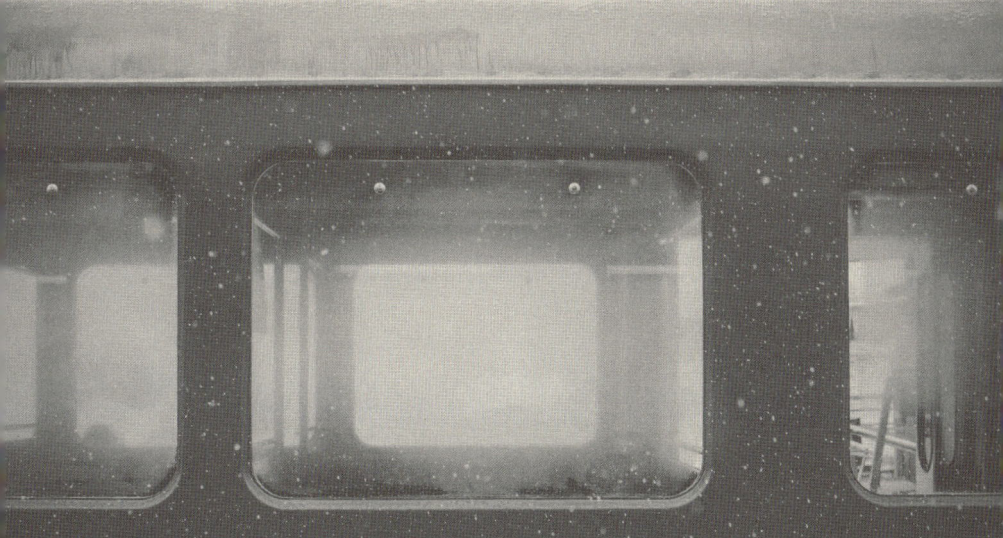

상처가 있습니까?

　　　　　　　　　　몇 해 전의 일이었습니다. 어버이 주일에 오전 예배를 마치고 사무실에서 잠깐 쉬고 있었는데 연세가 지긋해 보이는 남성 한 분이 문을 벌컥 열고 들어왔습니다. 직원이 무슨 일 때문에 오셨느냐고 물어도 아무 대답도 없이 막무가내로 문을 열고 들어와서 제 앞에 있던 소파에 앉았습니다. 그는 곧 두 손으로 얼굴을 가리고는 왈칵 눈물을 쏟으며 울기 시작했습니다. 그렇게 한동안 울고 나서 자신의 이야기를 꺼냈습니다.

　그분은 올해로 65세가 되었다고 했습니다. 그리고 자신은 태어난 지 일주일 만에 어머니로부터 버림을 받았고, 그 사실을 알고 난 후부터 지금까지 부모를 미워하며 살아왔노라고 고백했습니다. 그런데 그날 '부모를 용서하라.'는 주제의 설교 말씀을 듣고 나니, 그동안 자신이 하나님의 마음을 아프게 해 드렸다는 생각에 마음이 너무도 괴로워 저를 찾아왔다는 것이었습니다.

　무려 65년 전의 일이었습니다. 세월이 수없이 흘러 이제 손주를 보고도 남을 나이가 되었습니다. 그런데도 자식의 마음속에는 갓난아이 때 자기를 버린 부모를 향한 원망과 미움이 사라지지 않았습니다.

　어떤 사람은 이렇게 말할지도 모릅니다. 그렇게 오래전의 일을 기억하고 있으면 무엇하겠느냐고, 자식을 버린 부모는 잊어버리고 새 인생을 살면 되지 않겠느냐고 말입니다. 그러나 인간의 기억과 감정은 그렇게 단순하지 않습니다.

부모가 자식에게 받은 상처는 흘러가는 물에 새긴 글씨와 같아서 부모의 마음속에서 쉽게 잊혀지지만 자식이 부모에게 받은 상처는 돌에 새긴 글씨와 같아서 긴 세월이 흘러도 쉽게 사라지지 않습니다. 자식의 마음이 부모보다 악해서가 아닙니다. 인간의 사랑은 내리흐르도록 섭리되었기에 부모는 자식에게 상처받은 것이 있어도 그것을 흘려보내면서 이내 치유되지만, 자식이 부모에게 상처를 받으면 일생 동안 비참의 멍에를 지고 살아가게 되기 십상입니다.

이러저러한 이유로 부모에게 상처를 받고 부모를 미워하는 자녀가 있습니다. 그렇게 용서하지 못하는 마음으로는 부모를 사랑할 수도 공경할 수도 없습니다. 그런데 성경은 자녀의 입장은 헤아리려 하지 않고 이렇게 요구합니다. "부모에게 순종하라"(골 3:20), "부모를 공경하라"(출 20:12).

성경은 다음과 같이 말하지 않습니다. "너의 부모가 존경할 만하거든 순종하라.", "네 부모가 인격적으로 너를 사랑하였거든 공경하라."

도저히 부모를 사랑할 수 없는 자녀의 현실적인 고통은 여기에서 시작됩니다.

　이 문제를 풀기 위해서 우리는 '부모에게 순종하라.'는 명령이 누구에게 주어졌는지를 먼저 살펴보아야 합니다. 이 명령은 세상 사람들에게 주어지지 않았습니다. 교회의 성도들에게 주어졌습니다(골 1:2). 자기에게 해를 가하는 부모까지 공경하고 사랑할 수 있는 능력이 인간에게는 없지만, 하나님의 은혜로는 그것이 가능하기 때문입니다.

부모와 자식 관계의 경륜

　하나님께서는 이 세상 모든 만물을 창조하셨습니다(창 1:1). 그리고 피조물과 관계를 맺고 계십니다. 그 피조물이 무엇이냐에 따라서 관계의 깊이와 성질은 다르지만 말입니다.

　하나님께서는 인간을 창조하시기 전에 이미 그들과 어떤 관계를 맺어야 할지에 대한 그림을 당신의 지성 안에 갖고 계셨습니다. 그래서 인간에게는 동물들에게 주지 않은 영혼을 주셨습니다(창 2:7). 영혼을 가진 인간은 하나님의 형상으로 지음받아 하나님과 다른 사람, 자기 자신과 사물을 이해할 수 있는 능력을 갖게 되었습니다. 또한 하나님을 사랑하게 하셨고, 분노와 고통, 기쁨과 슬픔을 느낄 수 있게 하셨습니다(창 4:5, 16:11, 33:10, 37:35).

　이 세상에 하나님과 인간 사이의 관계를 정확하게 보여주는 유비는 없습니다. 그래도 가장 가까운 것이 있다면 가족 관계라고 할 수 있습니다. 하나님께서는 우리에게 다음과 같이 말씀하지 않으셨습니다. "나는 너희의 사장이니라.", "나는 너희를 만들어 낸 공장장이다." 오히려 이렇게 말씀하십니다. '나는 너희의 아버지니라'(롬 8:15, 갈 4:6 참고).

성경이 하나님을 아버지라고 할 때 그 개념은 우리가 생각하는 아버지상(像)과는 다릅니다. 왜냐하면 우리가 경험으로 아는 아버지는 인간 타락 후의 아버지이기 때문입니다.

하나님께서는 완전하신 아버지이신 동시에 모성과 부성이 공존하는 아버지이십니다. 그러므로 하나님의 자애로운 모성은 공의로운 부성을 침해하지 않고, 공의로운 부성은 어머니의 긍휼이 넘치는 모성을 방해하지 않습니다. 그래서 하나님께는 어머니라는 별도의 칭호가 필요하지 않습니다. 이처럼 하나님께서는 부성과 모성을 함께 지니신 '하늘 아버지'이십니다.

그리고 우리에게는 육신의 아버지와 어머니가 계십니다. 우리가 하나님의 명령을 따라 하나님을 사랑하는 마음으로 육신의 부모를 공경한다면, 우리는 참다운 인간의 표준에 한 걸음 더 가까이 다가갈 것입니다. 즉, 자식이 부모를 하나님의 표준에 맞게끔 진정으로 공경하는 과정을 통해서 자식은 인간으로서의 완성을 향해 한 걸음 더 가까이 나아가게 됩니다. 마찬가지로 부모는 부모로서 자식을 사랑하고 주님의 교훈과 훈계로 양육하는 헌신의 과정을 통해서 참된 인간으로서의 모습을 회복하게 됩니다(엡 6:4).

6장 자녀의 덕목, 부모에게 순종하라

부모와 자식, 인류의 보존 방식

요즘은 보기 드문 일이지만 제가 어렸을 적에는 처마 밑에 제비들이 집을 짓는 경우가 허다했습니다. 제비가 알을 낳고 새끼들이 부화합니다. 대여섯 마리 되는 새끼들이 어미 제비가 먹이를 잡아 올 때마다 머리를 내밀고 자기에게 달라고 부리를 벌리고 짹짹거립니다. 그런데도 어미 제비는 순서를 잊어버리는 법이 없습니다. 자기 배가 고프다고 자기가 먹어 버리는 경우도 없습니다. 먹이를 열심히 물고 와서는 정확하게 순서대로 새끼들의 입에 넣어 줍니다.

닭이 알을 품어서 부화시키려면 약 21일 정도가 걸립니다. 그 기간 동안 어미 닭은 알이 골고루 따뜻하도록 날개로 알을 이리저리 굴리면서 품습니다. 이때 어미 닭은 물이나 모이를 먹을 때를 제외하고는 알을 품은 자리에서 떠나지 않습니다. 그렇게 어미 닭이 수고하는 기간이 지나고 나면 병아리가 깨어납니다.

가시고기의 암컷은 알을 낳아 놓고는 어디론가로 가 버립니다. 그러면 아빠 가시고기가 알을 지킵니다. 다른 물고기가 와서 알을 먹으려고 하면 싸웁니다. 가시고기는 움푹진 곳에 알을 부화시키는데 그곳에는 산소가 모자랍니다. 그래서 아빠 가시고기는 작은 지느러미로 쉬지 않고 물질을 해서 신선한 물을 알들이 있는 곳으로 보냅니다. 그렇게 며칠씩 굶으면서 알을 지키면 알이 부화하여 새끼들이 태어납니다. 새끼 가시고기들은 플랑크톤 등을 먹으면서 점점 자라는데 그동안에도 아빠 가시고기는 새끼들을 위하여 계속 물질을 합니다. 이윽고 아빠 가시고기의 지느러미가 너덜너덜해집니다. 그러다가 박테리아로 인해서 아빠 가시고기의 몸은 부패하기 시작하고 마침내 죽음을 맞이합니다. 그러면 이제 아빠 가시고기의 몸은 새끼 가시고기들을 위한 식량이 됩니다. 그렇게 아빠 가시고기의 희생으로 새끼 가시고기들의 몸집은 점점 더 커지고, 결국 새끼 가시고기들은 뼈만 앙상하게 남은 아빠 가시고기의 시체를 뒤로하고 넓은 세상으로 나갑니다. 그리고 그들도 후에는 아빠 가시고기가 됩니다. 이러한 자연법칙 안에서 피조 세계의 동물의 종(種)들이 보존됩니다.

하나님께서는 인간의 부모에게도 이러한 본능적인 사랑을 주셨습니다. 그래서 부모는 자식에게 일방적인 사랑을 베풉니다.

태어나고 나서 자신의 힘으로 살 수 있을 때까지의 기간이 인간만큼 오래 걸리는 존재도 없습니다. 송아지는 태어나면 곧 걷기 시작합니다. 강아지도 태어나자마자 꾸물꾸물 움직이면서 걷기 시작합니다. 그러나 인간은 다릅니다. 자기 발로 걷게 하려면 1년은 키워야 하고 자기 손으로 먹을거리를 찾아 먹게 하려면 5년은 더 키워야 합니다. 그러고도 자기 힘으로 자립해서 인생을 살아가게 하려면 한참을 더 키워야 합니다.

거기에는 부모의 많은 희생이 따릅니다. 그런데도 부모는 그 일을 당연하게 받아들입니다. 간혹 그렇지 않은 부모도 있지만 말입니다. 그래서 아무리 악한 자라도 자기 자식에게는 선한 경우가 많습니다. 성격 차이 때문에 헤어졌다는 부부 이야기는 들어봤어도 성격 차이 때문에 자녀와 헤어진 부모가 있다는 이야기는 좀처럼 들어보지 못한 것도 바로 이러한 이유 때문입니다.

자녀로서의 의무

자녀는 이렇게 극진한 사랑을 베푼 부모에게 자녀로서의 의무를 다해야 합니다. 이것은 부모의 요구가 아니라 하나님의 명령입니다. 자식이 부모의 사랑 깊은 희생 속에서 참 사람으로 성장하는 것처럼 부모 또한 자녀의 온전한 사랑 속에서 섬김을 받아야 합니다. 자녀로서의 의무는 대체로 다음과 같은 것들이 있습니다.

첫째로 부모를 잊지 않는 것입니다. 자녀는 항상 그분이 자신의 아버지, 어머니라는 사실을 기억하면서 그분들이 계셨기에 오늘날의 자신이 존재할 수 있었음을 기억해야 합니다(신 21:13 참고).

어떤 사람들은 자신의 부모가 교육을 많이 받지 못했다거나 세상살이에 대한 생각과 견해가 자신들과 다르다고 해서 업신여기기도 합니다. 또 부모의 도덕적인 흠 때문에 효도할 수 없다고 생각하는 사람들도 있습니다. 모두 옳지 못한 태도입니다(신 27:16).

부모는 인격이나 교육의 정도, 재산의 유무 정도에 따라서 공경해야 하는 것이 아니라 단지 그분이 자신을 낳아 길러 주셨다는 사실 때문에 공경해야 하는 것입니다.

둘째로 부모에게 필요한 것들을 공급해 주는 것입니다. 다시 말해서 자녀는 부모가 인간적인 품위를 유지하며 살 수 있도록 경제적인 도움을 주어야 합니다(창 45:11 참고). 물론 부모가 자녀보다 훨씬 더 많은 재산을 가져서 자녀에게 기대지 않아도 되는 경우도 있습니다. 그러나 대부분의 경우 자녀는 부모의 형편을 돌아보는 것이 마땅합니다. 부모가 경제적인 어려움 때문에 인간의 기본적인 품위를 잃어버리고 고통받지 않도록 자녀는 부모를 도와야 합니다.

인간의 기본적인 품위를 유지하는 것이 어느 정도의 경제 생활이어야 하는가는 사람들마다 생각하는 바가 다를 것입니다. 그리고 자녀의 경제적인 능력이 어떠한가에 따라서도 달라질 것입니다. 자녀는 겨우 입에 풀칠하는 정도의 삶을 사는데 부모에게 상류층에 어울리는 생활을 하도록 지원할 수는 없을 것입니다.

그러나 자녀는 자신이 가진 부(富)로써 부모를 섬겨야 한다는 생각을 갖고 있어야 합니다. 부모가 경제적인 능력이 없어서 궁핍한 삶을 사는데도 돌아보지 않는 것은 매우 악한 일입니다(딤전 5:8).

부부 사이에서 예민하고 민감한 문제 가운데 하나가 바로 돈 문제입니다. 이것이 가정불화의 원인이 되기도 합니다. 양가 부모의 경제적인 형편이 비슷한데 어느 한편의 부모에게만 경제적인 도움을 지속적으로 주게 되면 부부간의 갈등이 일어날 수 있습니다. 그래서 부부들이 이러한 문제로 자주 다툽니다.

이것에 대한 좋은 처방은 결혼하고 나면 자신에게는 두 부모가 생긴다고 생각하는 것입니다. 그래서 어느 편의 부모에게든지 경제적인 도움이 필요하면 자신의 경제적인 상황에 맞추어 부모가 고통당하지 않도록 자녀의 도리를 다하여야 합니다.

셋째로 부모에게 관계의 기쁨을 드리는 것입니다. 부모에게는 자식에게서 받는 경제적인 도움도 필요하지만 더 큰 도움은 관계의 기쁨에서 옵니다. 사람은 나이가 들수록 더 큰 고독감을 느낍니다. 부모 역시 노년에 다다르면 자녀들이 자신과의 관계를 싫어하고 멀리하려 한다고 느낄 때 깊은 외로움을 겪게 됩니다. 그래서 어떤 때는 부모님에게 한 시간 동안 좋은 말동무가 되어 드리는 것이 몇십만 원의 돈을 드리는 것보다 훨씬 더 큰 위로가 되기도 합니다.

매달 정기적으로 얼마의 돈을 보내는 것만으로 부모에 대한 효도를 다했다고 생각하지 마십시오. 자녀는 부모에게 마땅히 관계의 기쁨을 누리도록 해야 합니다. 그것이 자식이 해야 할 중요한 도리입니다(잠 23:25). 부모와 이야기할 때마다 자녀인 자신도 즐겁고 기쁘다면 두말할 나위 없이 좋겠지만, 그렇지 못하더라도 부모에게 자식으로서의 관계의 의무를 다해야 합니다. 부모와 함께 있는 시간을 자녀인 여러분도 즐거워한다는 인상을 부모에게 주어야 합니다.

저희 교회는 매년 여름이면 몇몇 농어촌 교회와 협력해서 그곳에 계신 주민들에게 복음을 전합니다. 벌써 여러 해 전에 있었던 일입니다. 저희 교회 교인들이 대부분 노인들로 이루어진 한 시골 마을로 전도를 갔습니다. 그곳의 주민들을 도와 밭일도 거들어 주고 어깨도 주물러 주면서 복음을 전했습니다. 그러면서 처음에는 완강하게 거부하던 분들도 서서히 마음을 열고 복음을 받아들이는 감격적인 순간을 여러 차례 목격했습니다.

그들 중 한 노인이 복음을 전하던 청년에게 말했습니다. "너희들은 참 나쁜 사람들이다." 청년이 깜짝 놀라서 물었습니다. "왜요? 할머니?" "너희는 그 좋은 하나님을 왜 이제야 전해 주니? 진작 와서 전해 주지……." 눈물을 글썽이는 할머니를 보며 청년과 교인들도 가슴이 먹먹해졌습니다.

그 일 후에 몇 명의 성도들이 자신이 전도한 노인들의 수양아들로 자처하고 그분들을 '아버지', '어머니'로 불렀습니다. 종종 문안 전화를 드리기도 하고 편지를 보내기도 했습니다. 겨울이 오면 따뜻하게 잘 지내시는지 찾아뵙기도 하고 내복을 보내 드리기도 했습니다. 이러한 사랑에 깊이 감동받은 분들이 가을이면 고춧가루나 감자, 고구마, 배추 등을 우편으로 부쳐 주면서 마치 친자식처럼 대해 주셨습니다. 그분들이 가까운 교회에 출석해서 신앙 생활하게 된 것은 물론이었습니다.

저는 그분들에게서 자녀 사랑에 목말라 있는 오늘날 부모의 모습을 보았습니다. 그리고 저도 저의 부모님이 생각나서 한동안 눈물이 났습니다. 여러분의 부모님을 외롭게 하지 마십시오. 사랑과 기쁨을 드리십시오. 이것이 자식의 마땅한 도리입니다.

자녀들아

　　　　　　　　　　성경은 부모에게 순종하라는 명령을 전하기에 앞서 "자녀들아"(골 3:20)고 부릅니다. 헬라어로 타 테크나고 되어 있는 이 말에서 '자녀들'은 일차적으로 나이가 어린 아이들을 가리킵니다. 아직은 자립할 힘이 없어서 부모에게 의존하고 있는 어린 자녀를 뜻합니다. 그러나 이 표현은 단지 나이가 어린 자녀뿐만 아니라 부모를 가진 모든 자녀를 가리킨다고 해도 무방합니다. 왜냐하면 부모에게 순종하는 것이 자녀가 어렸을 때에만 해당되는 명령은 아니기 때문입니다.

　유아 심리학자들에 의하면 3-4세, 넉넉잡아도 5세 정도가 되면 그 아이의 인성의 80%가 이미 형성된다고 합니다. 이는 어렸을 때의 교육이 얼마나 중요한지를 여실히 보여줍니다. 영재교육을 말하는 것이 아니라 인성을 형성하는 교육이 어렸을 때에 얼마나 중요한지를 강조하는 것입니다.

　유아교육 체계가 잘 갖추어진 나라 중 하나가 프랑스입니다. 유아교육을 위해 프랑스는 기본적으로 정부가 교육비를 부담하는 중앙정부 중심의 공교육 체계를 채택하고 있습니다. 2-3세 유아기 아이들은 보육 시설인 크레슈(*Creche*)에서, 3-6세까지의 아이들은 유치원인 에콜 마테르넬(*Ecole Maternelle*)에서 교육받을 수 있습니다.

　이미 10여 년 전에 프랑스는 전체 교육 예산의 11.5%를 유아교육에 투입하였습니다. 이는 당시 우리나라의 10배가 넘는 수치입니다.

크레슈나 에콜 마테르넬에서 프랑스 유아들은 사물에 대한 지식뿐만 아니라 선과 악, 도덕적 관념, 공동체 생활과 타인에 대한 배려 등을 배우게 됩니다. 하지만 이러한 교육은 단지 학교만을 의지하기보다는 가정에서 더 잘 이루어져야 합니다.

어린아이들은 순수한 마음으로 어떠한 사실이라도 잘 믿고 받아들입니다. 그렇기에 부모는 어린아이들에게 초월적인 진리, 인생에서 의존하면서 살아야 될 항구적인 가치들을 가르쳐 주어야 합니다. 부모의 충분한 사랑 속에서 이런 교육이 잘 이루어진다면 아이들은 다른 지식들도 올바르게 쌓을 수 있을 것입니다. 성경은 이런 어린아이들을 부르면서 부모에게 순종하라고 합니다.

부모에게 순종하라

여기서 '순종하다.'라는 말은 헬라어로 휘파쿠오입니다. 이 단어는 '아래에서', '밑에서'라는 의미의 휘포와 '듣다.'라는 의미의 아쿠오가 결합된 것입니다. 그러므로 이 말은 위에서 무엇인가를 판단하는 듯한 태도로 듣는 것이 아니라 낮은 자세로 엎드려 말하는 사람의 권위에 복종하면서 마음을 기울여 듣는 것을 의미합니다. 기꺼이 순종하려는 마음으로 듣는 것이 바로 **휘파쿠오**입니다.

부모에게 진정으로 순종하기 위해서는 자녀의 마음 바탕에 부모에 대한 깊은 공경심이 있어야 합니다. 그래서 성경의 여러 곳에서 부모를 공경하라고 명령합니다(레 19:3, 신 5:16, 엡 6:2).

'공경하다.'는 히브리어로 야레인데 "하나님을 경외하라"(레 25:17)라고 할 때 '경외하다.'에 해당하는 단어이기도 합니다. 이는 하나님께서 자녀가 어떤 마음의 자세로 부모를 공경하기를 기대하셨는지를 보여줍니다. 하나님께서는 부모를 가볍게 여기지 말고 깊은 존중심과 두려움 안에서 따뜻한 사랑으로, 주께 하듯이 부모를 섬기기를 바라셨습니다(신 27:16).

성격이 다르고 가치관이 다를지라도 모든 사람은 행복해지기를 원합니다. 불행해지기 위해서 인생을 사는 사람은 없습니다. 그러나 실제 우리의 삶을 보면 행복한 사람은 매우 소수입니다. 대부분의 사람들이 행복하지 않은 이유는 그들이 행복에 대해 모르는 것이 있기 때문입니다.

많은 사람들은 행복이 소유나 지위에 달려 있다고 생각합니다. 그러나 진정한 행복은 '관계'에 달려 있습니다(욥 22:21). 수직적으로는 하나님과의 관계, 수평적으로는 인간과 인간 사이의 관계, 한 걸음 더 나아가 인간 이외의 다른 피조물들과도 올바른 관계를 맺을 때 인간은 참된 행복에 도달할 수 있습니다.

하나님께서는 인간에게 참된 행복에 이르는 길을 가르쳐 주기 위해서 십계명을 주셨습니다(출 20:3-17, 신 5:7-21). 제1계명에서부터 제4계명까지는 하나님과의 관계를, 제5계명에서부터 제10계명까지는 이웃과의 관계를 담고 있습니다. 따라서 이 십계명은 인간의 행복을 위해 주신 하나님의 배려라고 할 수 있습니다.

십계명은 보상을 약속하는 계명이 아닙니다. "너는 나 외에는 다른 신들을 네게 두지 말라"(출 20:3). 이 계명에 순종했다고 해서 그에 대한 대가가 주어지는 것은 아닙니다. 다른 계명들도 마찬가지입니다. 그런데 예외적인 계명이 하나 있습니다. "네 부모를 공경하라 그리하면 네 하나님 여호와가 네게 준 땅에서 네 생명이 길리라"(출 20:12). 하나님께서는 다른 계명에는 걸지 않으신 상급을 오직 부모 공경의 계명에 거셨습니다.

요즘 같은 100세 시대에 '장수'(長壽)라는 상급은 마음에 크게 다가오지 않을 수도 있습니다. 그러나 십계명을 받았던 당시 이스라엘의 상황을 생각해 보십시오.

땅이 없었기에 대대로 다른 민족 밑에서 노예살이를 하였습니다. 그런 그들에게 하나님께서는 새로운 땅을 주시겠다고 약속하셨습니다(신 30:20). 하지만 정작 그 새로운 땅을 찾아 광야로 접어들었을 때 그들은 전쟁과 기근, 질병의 위험에 노출되어야 했습니다. 그리고 그 순간 하나님께서는 그들에게 장수를 약속하셨습니다.

이러한 사실들을 생각해 보면 이스라엘 백성이 가장 간절히 바랐을 두 가지 상급, 곧 '땅'과 '장수'라는 상급을 부모 공경에 거셨음을 알 수 있습니다. 이는 하나님께서 원하시는 하늘나라의 질서를 이루는 데 있어 부모를 공경하는 것이 얼마나 중요한지를 보여줍니다. 또한 인간이 타락한 후에 부모를 공경하는 것이 얼마나 어려워졌는지도 알 수 있습니다.

좋은 부모를 만났습니까?

플루타르코스(Ploutarchos, 46경-120경)가 『도덕론』(*Moralia*)에서 전해 주는 이야기에 의하면, 사람이 행복해지려면 첫째는 태어나지 않아야 하고 둘째는 태어났다면 일찍 죽어야 한다고 합니다. 여기에 전적으로 동의하는 것은 아니지만, 인간이 이 땅에서 사는 것 자체가 고통이라는 의미에는 어느 정도 수긍이 갑니다.

우리는 이미 세상에 태어났습니다. 그리고 아직 이렇게 살아 있습니다. 그러면 이미 태어난 우리가 행복해지기 위해서는 어떠한 조건이 필요할까요? 이성적으로 추론해 볼 때 다음의 네 가지 조건을 만족시킨다면 어느 정도는 행복한 삶을 살 수 있을 것입니다.

첫째로 좋은 국가를 만나는 것입니다. 국가의 가장 탁월한 가치 중 하나는 정의입니다. 올바른 정의에 따라 법이 제정되고 법대로 시행되는 정의로운 나라에서 태어나는 것입니다. 둘째로 좋은 부모를 만나는 것입니다. 인간답게 사는 길을 보여주는 덕스러운 부모 밑에서 태어나는 것입니다. 그러나 그것만으로는 충분하지 않습니다. 왜냐하면 부모가 그렇게 살았다고 하더라도 삶의 원리에 대해 모두 지식적으로 설명할 능력이 있는 것은 아니기 때문입니다. 셋째로 좋은 선생님을 만나는 것입니다. 그 선생님은 참으로 인간답게 살기 위해 노력하는 사람이어야 함은 물론이거니와 삶의 원리에 대해서도 지식적으로 설명할 능력을 가지고 있어야 합니다. 마지막 넷째로 좋은 친구들과 어울려 사는 것입니다. 그들과 함께 공통의 가치를 찾아 인생을 살아가면서 우정을 나누는 것입니다.

그런데 이 네 가지 조건을 모두 충족하는 인생을 사는 사람이 어디에 있겠습니까? 인류가 죄를 짓고 하나님을 떠난 이후부터 국가다운 국가도 없고 참된 부모도 없으며 이상적인 선생님도 좋은 친구들도 찾기 힘들어졌습니다. 왜냐하면 이러한 조건을 충족하려면 하나님 앞에 참사람이 되어야 하고 이러한 참사람들로 이루어진 참 사회가 되어야 하는데, 이미 죄로 인해서 인간이 그렇게 될 수 있는 가능성을 대부분 잃어버렸기 때문입니다(롬 3:10-12).

그럼에도 불구하고 하나님께서는 인간의 타락 후에도 인간 사회를 올바르게 하는 원리와 질서에 대한 흔적을 부모에게만큼은 상당 부분 남겨 놓았습니다. 그리하여 어린아이들은 부모에게서 선악에 대해 배우고 인간의 도리를 배우면서 참사람으로서의 덕스러운 습관들을 익힙니다. 그 일에 있어서 아이들은 부모를 절대적으로 의존합니다. 이러한 사실을 고려한다면 자녀가 좋은 부모를 만나서 그 부모와 관계를 올바르게 하면서 사는 것이 인생을 바르게 살아가는 중요한 조건임을 알 수 있습니다. 그런데 문제는 이 세상에 태어났는데 부모가 그런 사람이 아니라는 것입니다.

현실을 받아들이라

　　　　　　　　　28개월 된 남자아이를 둔 아빠가 있었습니다. 늦은 밤 PC방에 드나들며 게임을 즐기곤 했던 그 아빠가 평소처럼 PC방에 가려고 하는데 아이가 잠을 자지 않고 귀찮게 하였습니다. 그래서 아이를 죽여 버렸습니다. 그 아이는 인간으로 태어났지만 인간답지 않은 부모를 만나서 비참한 결과를 맞이하였습니다. 또 어떤 계모는 여덟 살 된 아이를 때려서 갈비뼈를 16개나 부러뜨려 죽게 하였다고 하니 차마 입에 담지 못할 일들입니다.

　우리는 이러한 사건 사고들을 거의 매일 접합니다. 이런 끔찍한 일들에 대해 국가적 차원의 도움이 필요하다고 말할지도 모르겠습니다. 아이의 목숨을 보호하기 위해 부모로부터 아이의 친권을 박탈하여 다른 사람의 돌봄 아래 있게 함으로써 더 이상 불행한 삶을 살지 않도록 돕는 일도 반드시 필요합니다. 만약 이러한 사건 사고가 일어나는 국가가 마음에 들지 않으면 이민을 가는 방법을 택할 수도 있을 것입니다. 좋은 선생님도 그렇습니다. 어느 정도는 선택할 수 있습니다. 좋은 친구도 마찬가지입니다. 그러나 부모는 우리가 선택할 수도, 바꿀 수도 없습니다. 그래서 부모와 자식 간에 일어난 이러한 일들은 우리를 한없이 절망하게 만듭니다. 그러므로 우리에게는 현실을 받아들일 수 있는 용기가 필요합니다.

　칼빈은 『기독교 강요』(Institutes of the Christian Religion)에서 스토아 철학자들의 운명론을 비판하면서 다음과 같이 말했습니다.

> 우리가 참으로 극심한 고통 가운데서 신음하며 눈물을 흘릴 때, 이것을 생각하자. 결론은 언제나 주님의 뜻대로 될 것이라는 사실이다. 그것을 생각하며 우리를 괴롭혔던 일들을 기꺼이 참을 수 있도록 우리의 마음을 기울이자.

우리에게는 현실을 받아들여야 할 때가 있습니다. 이해할 수 없는 현실이나 죽음의 고통을 마주해야 하는 때가 있습니다. 왜 이런 일이 내게 일어나야 하는지를 해명할 수 없습니다. 그럼에도 불구하고 어린아이가 아버지를 의지하는 것처럼 하나님의 신실하심과 선하심을 믿으며 묵묵히 참아야 할 때가 있습니다(약 5:11). 이것은 운명론이 아닙니다. 자신의 현실에 하나님의 깊은 뜻이 담겨 있음을 믿는 것입니다. 주님을 의지하고 살면 하나님께서 영광을 받으실 것이며 선한 길로 인도해 주실 것을 믿는, 현실을 초월하는 신뢰를 가리킵니다. 따라서 우리는 먼저 현실을 받아들여야 합니다. 자기와 함께할 수밖에 없는 현실을 받아들일 때 진정한 영적 성장이 시작됩니다. '왜 이런 일이 일어났을까?', '왜 하필이면 내가?', '왜 나에게만 이런 일이?' 라고 고민하면서 이 굴레를 벗어나지 못한다면 불행에서 헤어나지 못합니다.

지적 장애를 가진 아이를 둔 부모가 있었습니다. 그 아이 부모의 마음에는 '왜 하필이면 내 아이가……' 라는 생각이 항상 있었습니다. 건강한 아이들을 볼 때마다 자신만 행복을 박탈당한 기분이었습니다. 그러던 어느 날 아이의 부모는 '현실을 받아들이라.' 는 설교 말씀을 듣고 마음이 크게 깨어졌습니다. 그러고는 생각이 완전히 달라졌습니다. 그동안 받아들이지 못했던 자신의 현실을 받아들였습니다. 그렇게 새로운 시각으로 자신의 인생을 바라보니 이 아이가 자신들을 위한 축복의 통로였다는 사실을 알게 되었습니다. 그 아이 때문에 겸손해졌고, 아이로 인해서 자신이 얼마나 사랑이 없는 사람인지를 깨닫게 되었으며, 하나님의 은혜가 얼마나 큰지도 느끼게 되었기 때문입니다.

그러므로 자신의 힘으로 어찌할 수 없는 현실을 먼저 받아들이십시오. 현실을 있는 그대로 인정해야 합니다. 그러한 고통스러운 현실 속에서도 하나님을 의지하면서 살면 모든 것이 선하게 될 것이라고 믿어야 합니다. 그렇게 자신의 현실을 인정한 후에 그것을 극복하기 위한 은혜를 간구한다면 새로운 인생이 펼쳐질 것입니다.

상처와 용서

부모 공경은 부모의 사람됨과는 상관없이 그가 나의 부모이기 때문에 마땅히 해야 할 일입니다. 이것이 하나님께서 부여하신 창조의 질서입니다. 성경은 자식이 잘못하면 매를 때려서라도 바로잡으라고 하지만(잠 13:24), 어느 곳에서도 부모가 올바르지 않을 때 그 부모를 무시해도 된다고 가르치지 않습니다(신 27:16).

그러나 부모를 공경하는 것은 쉬운 일이 아닙니다. 우리 주위에는 부모와의 관계가 깨졌기 때문에 괴로워하는 사람들이 많습니다. 저는 부모님이 돌아가셨는데도 전혀 슬퍼하지 않는 자녀도 많이 보았습니다.

몇 해 전 어느 언론 기관의 설문 조사에 의하면 10-20대 젊은이의 약 78%가 자기 아버지가 밉다고 대답하였습니다. 그리고 절반 이상의 젊은이가 만약 다시 태어난다면 지금의 부모 밑에서 태어나고 싶지 않다고 대답하였습니다. 이러한 결과는 부모를 사랑하기는커녕, 이미 부모와의 관계가 깨진 사람들이 얼마나 많은지를 보여줍니다. 부모와의 관계가 깨지니까 사랑할 수도 없고 공경할 수도 없는 것입니다.

공경은 사랑에서 나옵니다. 그러나 자녀가 사랑할 수 없는 부모가 너무 많습니다. 성장 과정에서 폭력과 폭언을 일삼은 부모, 자식이 보는 앞에서 엄마를 때리는 아빠를 대할 때마다 아이들의 마음에는 피멍이 듭니다. 심지어는 자신의 행복을 위해서 자녀를 버리는 부모도 있습니다. 아이들은 힘이 없으니까 부모의 잘못된 행동에 대해 논리적으로 따지거나 항거할 수 없습니다. 하지만 그 관계 속에서 계속 상처를 받습니다. 물론 여러분 중 어떤 사람의 부모는 사람들에게 존경을 받을 만한 덕스러운 성품과 재력을 지닌 사람일 수도 있습니다. 자신의 모든 것을 바쳐 가족을 돌보는 훌륭한 사람일 수도 있습니다. 이러한 사람을 부모로 둔 자녀는 배나 더 부모를 공경해야 합니다.

그러나 이렇게 훌륭한 부모가 아니라 자녀에게 많은 상처와 고통을 준 부모라면 어떻게 해야 할까요? 이미 부모와의 관계가 깨졌다면 어떻게 해야 할까요? 그 자녀가 어떻게 부모를 공경할 수 있을까요? 여기서 우리는 상처와 용서의 문제에 마주하게 됩니다. 용서는 끊어진 사랑의 관계를 회복시키는 유일한 길입니다. 그런데 용서는 그 사람 안에 사랑의 힘이 있어야 가능합니다. 사랑이 '타자와 관계를 맺으려는 영혼의 힘과 경향성'이기 때문입니다.

두 사람 사이에 문제가 생겼을 때 더 많이 이해하고 용서하는 사람은 상대방과 관계를 계속하고자 하는 욕망의 크기가 더 큰 사람입니다. 그렇기 때문에 사랑의 크기가 더 큰 사람에 의해 관계는 지속됩니다. 그래서 우리에게는 사랑이 필요합니다.

성경에는 비상하리만치 하나님을 깊이 사랑한 특별한 인물들이 있습니다. 이 사람들의 공통된 특징은 하나님께로부터 깊은 용서를 경험하였다는 것입니다(시 130:4). 하나님께로부터 경험한 용서의 깊이는 곧 하나님의 사랑의 깊이였습니다. 하나님의 사랑을 맛볼 때 우리는 사랑하기 어려운 사람을 사랑할 수 있는 힘을 공급받습니다. 머릿속으로는 저 사람을 사랑해야 한다고 생각하지만 실제로 사랑하지 않는 것은 그럴 힘이 없기 때문입니다. 그리고 이것은 다른 사람을 사랑할 자원이 자신에게 없음을 보여줍니다.

인간이 타락한 후에 처하게 된 가장 큰 어려움은 '사랑 없음'입니다. 그것이 바로 불법이고 불의입니다. 왜냐하면 사랑이 율법을 완성하기 때문입니다(롬 13:10). 하나님의 은혜는 곧 사랑할 수 있는 힘을 줍니다. 그래서 성령의 은혜를 받은 사람의 최고의 표지(標識)는 바로 사랑의 사람이 되는 것입니다.

하나님께서는 여러분에게 단지 즐기고 기뻐하라고만 은혜를 주시지 않습니다. 하나님께서 주시는 은혜는 마치 전쟁에 나가는 군인에게 공급되는 군수품과 같습니다. 그 은혜로 싸워 이기라고 주신 것입니다(빌 1:29). 여러분의 가정이 상처투성이입니까? 아버지를, 어머니를 사랑할 수 없고 공경할 수 없습니까? 하나님의 은혜를 바라보십시오. 그 은혜의 힘으로 자신에게 상처를 준 부모를, 고통을 준 부모를 용서하고 사랑하십시오. 그리하여 하나님 나라의 통치가 여러분의 가정에 임하기를 바랍니다.

용기가 필요하다

부모와 멀어진 관계를 극복하고 공경하는 삶을 사는 과정을 통해서 자신도 인간성의 변화를 경험하게 됩니다. 그런데 이 일에는 깨어진 부모와의 관계를 직시하고 회복할 용기가 필요합니다.

사회 생활을 하면서 우리는 다른 사람에게 사과하기도 하고 용서함으로써 화해하기도 합니다. 직장 생활을 하다가 상사에게 결례를 행한 일이 생각나면 말합니다. "부장님, 오늘 점심 식사는 저와 함께 드시겠습니까? 제가 대접하고 싶습니다. 돌이켜 보니 어제 일은 제가 잘못했던 것 같습니다. 죄송합니다. 다음부터는 더 잘하겠습니다." 경우에 따라서는 부하 직원에게도 화해의 손길을 내밉니다. "내가 어제는 너무 심하게 말했던 것 같네. 사실 그 말들은 내 마음에 있었던 것이 아니라 너무 화가 나서 실수로 한 말들이니 마음에 깊이 담아 두지 말게."

그런데 유독 가족에게는 그렇게 하지 않습니다. 잘못한 일이 있어도 '에이, 가족끼리 무슨…….' 이렇게 생각하며 정식으로 사과하지 않습니다. 오히려 진심 어린 사과와 용서는 가족 관계 안에서 활발하게 이루어져야 합니다. 자녀인 여러분이 부모에게 용서를 구해 본 적이 언제입니까? "아빠, 이 일은 제가 잘못한 것 같아요. 죄송해요." 또는 부모로서 자녀에게 진심으로 사과해 본 적이 있습니까? "내가 가만히 생각해 보니 너희에게 미안하구나. 용서해 다오."

이러한 이치는 부부 사이에도 마찬가지입니다. "여보, 내가 이 일에 대해 다시 생각해 보니 당신이 정말 기분 나빴을 거 같아. 미안해." 아내나 남편에게 진심으로 사과하고 화해해 본 적이 언제입니까? 이런 일들이 없기 때문에 부부와 자녀 사이의 유대 관계는 느슨해지다가 결국 깨어지는 것입니다.

부모에게 상처를 받은 아이들의 희망은 빨리 독립을 하는 것입니다. 그래서 빨리 결혼해 분가하고 싶어합니다. 그러나 상처입은 남녀가 만나서 가정을 꾸리면 깨어진 또 다른 가정을 만들기 쉽습니다.

새로운 인생을 시작하려고 해도 당사자가 새사람이 아닌데 어떻게 새로운 인생이 될 수 있겠습니까? 그렇게 깨어진 가정에서 태어난 아이들 또한 온전하기 어렵습니다. 그런 가정이 많은 사회 또한 온전할 수 없습니다. 그렇기에 하나님께서는 부모 공경의 계명에 상급을 약속하시면서까지 우리에게 부모를 공경하라고 격려하십니다(출 20:12). 부모를 공경하지 못할 때, 우리의 삶이 하나님께서 바라시는 삶에서 멀어질 뿐만 아니라 우리 자신도 행복에 이를 수 없기 때문입니다.

주 안에서 기쁘게 하는 것

우리에게는 내가 부모를 용서해 주면 혹은 효도를 하면 우리의 부모가 새롭게 변하여 좋은 부모가 될 것이라는 환상이 있습니다. 그러나 그렇지 않습니다. 그분들은 자녀가 큰 결심을 하고 한두 번 따뜻하게 대해 드려도 효도받은 것이라고 생각하지 않을 수 있습니다. 자녀에게 받았던 따뜻한 대접조차 기억하지 못할 수도 있습니다. 또한 부모로서 자신들이 자녀에게 상처를 주었다고 생각하지 않을 수도 있습니다. 자녀가 아무리 아파해도 부모는 지난날 자신의 과오에 대해 아무런 가책도 느끼지 못할 수도 있습니다. 그때 자식으로서 부모의 그런 태도를 보면서 실망하고 주저앉으면 관계 회복이 안 됩니다. 그러므로 여러분은 내가 이 정도 베풀면 부모에게서 이런 반응이 올 것이라고 기대하지 마십시오. 부모가 자신이 원하는 대로 변하지 않아도, 달라지는 것이 아무것도 없이 그저 그 모습 그대로 살아가더라도 웃으며 사십시오. 여러분은 하나님의 사랑 때문에 아버지를 사랑하고 어머니를 사랑하는 것이지, 그분들이 달라질 것을 조건으로 효도하는 것이 아님을 마음에 새기셔야 합니다.

부모를 공경하는 인생을 살 때 최고의 혜택을 보는 사람은 여러분의 부모가 아니라 여러분 자신입니다. 부모를 진심으로 용서하고 사랑할 때 가장 큰 유익은 바로 자신의 마음이 자유롭게 되는 것이기 때문입니다. 그렇게 함으로써 영혼의 아름다움을 회복합니다.

부모와의 깨어진 관계를 방치하면 자신의 인간성이 파괴됩니다. 그래서 부모 자식 간의 상처와 고통은 대물림되어 자신과 자신의 자녀 사이에도 영향을 미치기 마련입니다. 그렇기에 여러분은 다른 사람이 아닌 바로 자신을 위해서라도 마음에 맺힌 것을 풀어야 합니다(살전 5:13). 그래야 영혼이 삽니다.

모든 어려움을 극복하고 부모에게 순종할 때 성경은 이렇게 말합니다. "이는 주 안에서 기쁘게 하는 것이니라"(골 3:20). '주 안에서 기쁘게 하는 것'이라는 말에는 부모를 공경하는 것이 '주님을 기쁘시게 한다.'는 의미가 들어 있습니다. 세상이 감당할 수 없는 사람, 어떤 불행과 시련으로도 꺾을 수 없는 사람이 있습니다(히 11:38). 하나님께서 기뻐하시는 사람이 그 사람입니다. 이 세상은 결코 그를 불행하게 만들 수 없습니다.

드러난 것이 전부가 아니다

한 자매가 아이를 낳은 후 첫 어버이날을 맞이하였습니다. 그날 엄마에게 안부 전화를 하는데 자신도 모르게 눈물이 나더랍니다. 자신은 이 아이 하나 낳아서 몇 개월간 기르면서도 너무 힘이 들었는데 엄마 아빠는 자신을 이렇게 다 크도록 기르기까지 얼마나 힘들었을까를 그제야 깨달은 것입니다. 자기는 혼자 힘으로 컸다고 생각했지만 자식을 키우다 보니 부모의 수많은 희생 위에 자신이 성장하였다는 것을 알게 된 것입니다. 자기 아이를 낳아서 길러 보면 부모의 마음을 깨닫게 됩니다. 자신이 부모가 되어 보니 자식에 대한 부모의 사랑을 깨닫는 것입니다.

자녀가 모르는 사실이 하나 있습니다. 드러난 것이 전부가 아니라는 점입니다. 부모는 자신의 마음에 있는 모든 것을 자녀에게 표현하지 않습니다.

요즘 아이들은 신발이며 옷이며 모두 고가의 상품을 찾습니다. 한 아이가 자신도 유명 브랜드의 신발을 신고 싶다고 엄마에게 투정을 부렸습니다. 하지만 집안 형편상 고가의 상품을 사 줄 수 없었던 엄마는 이렇게 말했습니다. "그냥 아무거나 신고 다녀라." 그런데 그 아이가 어느 날 갑자기 사고로 세상을 떠나고 말았습니다. 비통에 잠긴 엄마는 아이가 말했던 신발을 사서 아이의 책상 위에 올려놓았습니다.

당시 아이에게는 무덤덤하게 말했지만, 사실 엄마 마음에는 아이가 신고 싶다는 신발을 사 주지 못한 것이 목에 걸린 가시처럼 늘 미안함과 아픔으로 남아 있었던 것입니다. 그러나 그 아이는 엄마가 신발을 사 주지 않겠다고 말하는 순간 서운한 마음을 품지 않았을까요?

자녀가 "엄마, 나 저 운동화 사 줘!"라고 했을 때 다음과 같이 말해 주는 부모는 거의 없습니다. "아이야, 나는 너를 너무나 사랑하는데 우리 집안 사정으로는 그 신발이 너무 비싸서 사 줄 수가 없구나. 정말 미안하다." 오히려 다른 이유를 내세우면서 그런 자식을 나무라겠지요. 이렇게 반응하는 부모의 마음속에는 미처 표현하지 못한 많은 사랑의 말들이 담겨 있습니다.

맺는 말

저는 가족 중 첫 번째로 예수님을 믿었습니다. 그러다가 결혼하여 분가하였습니다. 저도 부모님과 사이가 별로 좋지 않았습니다. 부모와의 관계에서 기대하는 것도 없이 더 이상 상처받지 않는 것만이 소원이었습니다. 그래서 늘 분가하는 날만을 기다렸습니다.

저는 26세가 될 때까지 아버지를 용서하지 못했습니다. 아버지를 생각할 때면 내 인생의 날들이 어떻게 아버지로 인해서 불행해졌는지에 대한 기억만 떠올랐습니다. 인생에서 좌절을 경험할 때, 어려운 문제를 만날 때마다 생각의 뿌리는 언제나 과거에 부모로부터 받았던 상처들에 다다랐습니다. 21세에 회심하고 큰 은혜를 받았지만, 아버지에 대한 용서의 벽은 몇 년간 넘을 수 없었습니다.

그러던 어느 겨울, 직장에 휴가서를 내고 교회를 찾았습니다. 추운 날씨였지만 마루로 되어 있는 예배당 바닥에 앉았습니다. 무릎을 꿇고 기도하는데 갑자기 부모님에 대한 생각이 마음속에 물밀듯 떠올랐습니다. 마치 하나님께서 이렇게 말씀하시는 것 같았습니다. "얘야, 네 부모가 너를 버렸다고 하자. 그런데 내가 너를 사랑해 주지 않았니. 그 것으로는 만족하지 못하겠니? 네가 잃어버린 사랑은 유한한 사랑이고, 내가 너에게 준 사랑은 무한한 사랑이란다. 네 부모도 너처럼 하나님을 알았더라면 좋은 부모가 될 수 있었을 게다. 그러니 네 부모를 원망하지 말고 오히려 불쌍히 여기거라."

이러한 말씀이 마음속에 깨달아지자 응어리졌던 감정이 물같이 녹아내렸습니다. 생전 처음으로 부모님이 영혼으로 보이기 시작했습니다. 오랜 세월 동안 저는 제가 받은 상처만 기억했습니다. 우리 부모님이 하나님을 모르는 채 인생의 무거운 짐을 짊어지고 살아가느라 얼마나 힘드셨을지는 헤아리지 못했습니다. 어렸을 때 부모님이 다투시던 장면, 아버지에게 상처를 받았던 장면이 떠올랐지만, 그것이 결국 하나님 없이 사셨던 아버지의 비극이었음을 깨닫게 되었습니다. 그뿐만 아니라 저도 하나님을 알지 못했더라면 우리 아버지보다 더 나은 삶을 살 수 없었을 것이라는 생각이 들었습니다.

아무도 없는 예배당 마룻바닥에 엎드려 한없이 울었습니다. 상처를 입은 나의 아픔 때문이 아니라 그렇게 살 수밖에 없었던 아버지의 곤고한 영혼에 대한 연민으로 마음이 저미듯 아팠습니다. 그날이 바로 아버지에 대한 저의 미움이 끝나던 날이었습니다. 그 이후로 저는 단 한 번도 아버지를 미워하지 않았습니다. 아버지를 가슴 깊이 진심으로 사랑해 드렸습니다.

하나님의 모든 자비하심으로 여러분에게 권합니다. 여러분의 부모를 마음 깊이 용서하십시오. 그리고 많이 사랑해 드리십시오. 우리에게는 시간이 얼마 남지 않았습니다. 부모님이 돌아가시고 나면 혹은 치매라도 걸려서 우리를 알아보지 못한다면 이제 화해의 길도 없어집니다. 그리고 그때 자녀인 우리는 얼마나 많이 후회하게 될까요?

그러나 상처를 남긴 부모를 용서하고 사랑할 수 있는 자원이 우리에게는 없습니다. 오직 하나님만이 그 자원을 주십니다. 그렇기 때문에 상처가 크면 클수록 더욱더 하나님을 바라보십시오. 부모를 사랑하는 일이 어려울 때마다 그리스도의 십자가를 생각하십시오. 그분이 당하신 고난과 우리가 받은 사랑을 생각하면 이런 고통과 희생은 아무것도 아님을 알게 됩니다. 이 은혜를 받은 우리들이 가정의 회복을 위해 썩는 한 알의 밀알이 될 때 하나님께서는 영광을 받으실 것입니다.

적용과 실천을 위한 나눔

6장 자녀의 덕목, 부모에게 순종하라

부모와의 추억 중에서 지금까지 자신의 마음을 가장 따뜻하게 한 기억은 무엇입니까?

저자는 먼저 현실을 받아들이라고 권면합니다. 부모와의 관계에서 받아들이기 어려운 현실이 있다면 무엇입니까?

부모를 용서함으로써 부모와의 관계가 회복되고 영혼의 자유함을 누려 본 경험이 있다면 나누어 봅시다.

어렸을 때는 몰랐는데 살아가면서 깨닫게 되는 부모의 사랑이 있다면 나누어 봅시다.

아비들아 너희 자녀를 노엽게 하지 말지니 낙심할까 함이라 골 3:21

7장

부모의 덕목, 자녀를 낙심케 말라

부모입니까?

어린아이들은 안전한 환경에서 건강하게 자랄 수 있도록 돌봄을 받아야 합니다. 특히 그들의 영혼은 가정의 교육과 교회의 목양을 통해서 하나님의 교훈과 훈계로 양육받아야 합니다(엡 6:4). 그래서 부모는 자녀를 양육하는 데 영양가 있는 음식과 안전한 환경뿐만 아니라 어린 자녀가 마땅히 섭취하여야 할 정신적인 자양분들 그리고 정서를 순화시키는 교양이 있는 환경을 제공하여야 합니다. 무엇보다도 부모는 아이가 거듭나고 회심하여 참사람으로 살아갈 수 있도록 말씀과 은혜로써 충분한 영적 자양분을 제공하여야 합니다. 그러므로 부모는 아이에게 지상의 자원과 천상의 자원을 적절히 공급해 줌으로써 아이를 육체적, 정신적으로 그리고 영적, 사회적으로 온전한 사람이 되도록 양육하여야 합니다.

많은 부모들이 자녀를 어떻게 양육하여야 할지에 대해 고민합니다. 안타깝게도 그 관심은 신앙이나 인성보다는 학업 성적으로 더 많이 기울어지는 경향이 있습니다. 그리스도인임에도 불구하고 시류에 휩쓸려 자신도 모르는 사이에 본질적인 것을 놓치고 있는 것입니다.

아이들의 신앙교육은 교회에서 시켜 주는 것이라고 생각하는 부모도 많습니다. 그러나 결코 그렇지 않습니다. 아이들의 신앙교육에 대한 책임은 일차적으로 부모에게 있습니다. 따라서 부모는 마땅히 아이들에게 성경의 진리를 가르쳐야 합니다.

어느 날 아이가 말합니다. "엄마, 이 꽃을 보세요! 어제까지는 예뻤는데 오늘은 누렇게 변했어요." 엄마가 답해 줍니다. "그렇구나! 세상에는 돈 많고 지위가 높은 사람들이 있지? 다른 사람들이 볼 때는 그 사람이 대단해 보일지 몰라도 그들의 영광은 이 꽃과 같단다. 그것은 영원한 것이 아니기에 언젠가는 이렇게 시들어 없어지고 만단다. 하지만 영원히 시들지 않는 것이 있는데, 그게 무엇인지 아니? 바로 하나님의 말씀이란다"(사 40:8).

참사람이 되게 하기 위해서

성경은 부모에게 명령합니다. "아비들아 너희 자녀를 노엽게 하지 말라." '아비들아.'라고 되어 있지만 앞부분에서 자녀에게 부모에 대한 순종을 요구한 것으로 보아 부모의 대표자로 아버지를 거론하였을 뿐 어머니도 포함된다고 보아야 합니다. 물론 예나 지금이나 자녀의 마음에 상처를 주는 일은 어머니보다는 아버지가 더 많이 합니다. 그렇지만 어머니도 자녀를 노엽게 할 수 있으므로 이 말씀은 부모 모두가 귀 기울여 들어야 합니다.

하나님께서는 처음 사람은 당신이 직접 만드시고 성숙한 정신까지 주셨습니다. 그러나 그들의 후손은 미숙하고 어린 상태로 태어나 참사람이 되는 지식을 부모로부터 배워 가며 몸과 마음이 어른으로 성장해 갑니다. 그리고 그가 사람다운 사람이 되는 것도 사람을 통해서 은혜로 이루어지도록 섭리하셨습니다.

그렇다면 하나님께서는 왜 사람을 가정에서 태어나 자라게 하셨을까요? 그것은 그렇게 함으로써 그 아이가 참사람이 되는 것을 하나님께서 기뻐하셨기 때문입니다. 하나님께서는 자녀가 가정 안에서 부모를 통해서 양육받으며 선한 일에 적합한 참된 사람이 되도록 하셨습니다(엡 2:10). 가정은 이 존귀한 사명을 감당하게 하기 위해 하나님께서 세우신 기관입니다. 그래서 부모는 자녀를 낳는 순간 이 아이를 하나님의 창조의 목적에 이바지하는 참사람으로 키워야 할 막중한 의무를 지니게 됩니다.

인간이 타락한 후에는 모든 사람이 하나님의 뜻대로 살 수 없게끔 망가진 채로 태어납니다. 따라서 하나님의 형상을 회복하고 유지하게 하는 일을 가정만으로는 감당하기 어렵게 되었습니다. 그리하여 하나님께서는 교회를 세우심으로 하나님의 지혜를 알게 하셨습니다(엡 3:10). 결국 가정과 교회를 통해서 한 사람은 참사람이 되어 갑니다. 그러므로 우리의 인생은 교회와 가정, 이 두 기관과 어떻게 올바른 관계를 맺느냐에 따라 좌우된다고 해도 과언이 아닙니다. 왜냐하면 교회와 가정과의 관계가 어떠한지에 따라서 하나님과의 관계뿐만 아니라 이웃과의 관계, 자기 자신과의 관계가 좌우되기 때문입니다.

두 가지 목표

이처럼 하나님께서는 사람이 참사람으로 자라도록 하기 위해서 가정에서 태어나 가족 안에서 자라게 하셨습니다. 참사람이 되는 것은 하나님의 형상을 회복하는 것으로 다음의 두 가지를 목표로 합니다.

첫째로 지식과 관련된 것인데, 바르게 알게 하기 위함입니다(신 11:19). 즉, 참인간으로 살기 위한 지식을 얻게 하기 위함입니다. 인간은 태어나자마자 부모의 한없는 사랑과 돌봄을 받으면서 그들로부터 하나님과 인간, 세계와 자신에 대한 지식을 터득해 갑니다.

어린아이는 엄마의 얼굴을 보면서 선악을 배우고 아빠의 얼굴을 보면서 사랑과 정의를 배웁니다. 어린아이들에게 엄마 아빠는 전지전능한 존재이고 그 엄마 아빠의 생각은 아이들이 모든 것을 판단하는 절대적인 기준이 됩니다. 어린아이들은 엄마 아빠를 통해서 사람답게 생각하고 살 수 있는 기본적인 자질을 갖추게 됩니다.

우리의 눈에 보이는 사물에 대한 지식은 인간의 이성을 통해서 습득

할 수 있습니다. 그러나 천지창조와 하나님의 영광, 예수님의 구속 역사, 최후의 심판과 부활, 하늘나라의 영광 등 초월적인 지식은 이성만으로는 배울 수 없습니다. 이런 초월적인 진리를 받아들이기 위해서는 또 다른 지식 습득의 수단이 필요한데, 그것이 바로 믿음 혹은 신앙입니다. 아이들은 이성으로 알 수 없는 초자연적인 것들에 대한 믿음을 부모의 신앙을 통해서 배워 갑니다. 이처럼 인간은 이성으로 학문적인 지식을 습득하고 초자연적인 것들은 부모로부터 신앙으로 배워서 하나님과 인간, 세계와 자신에 대한 지식을 함양해 갑니다.

만약 어떤 사람이 하나님과 인간, 세계와 자기 자신에 대해 알지 못하는 채로 결혼해서 아이를 낳았다면 그 아이는 과연 어떻게 될까요? 그 아이는 태어나자마자 인생의 커다란 짐을 지고 태어나는 것입니다. 자신을 참된 행복의 길로 인도할 수 있는 지식에 대해 무지한 부모 밑에서 태어났기 때문입니다. 그는 부모로부터 별로 도움을 받지 못한 채 스스로 오류와 편견, 무지를 극복해 가면서 하나님과 인간과 세계와 자신에 대한 지식을 습득해 나가야 할 것입니다. 그러므로 한 사람이 부모가 되는 가장 중요한 준비는 하나님을 진심으로 사랑하고 하나님과 세계, 인간과 자신에 대한 올바른 지식을 갖는 것이라고 할 수 있습니다.

둘째로 생활과 관련된 것인데, 참되게 살게 하기 위함입니다(빌 4:8 참고). 모든 지식은 최종적으로 살기 위한 것입니다. 올바른 지식과 함께 다른 사람들과 올바르게 관계를 맺으며 하나님을 향하여 바르게 살게 하기 위해서 가정을 허락하신 것입니다. 아이는 부모를 통해서 올바른 지식을 얻을 뿐만 아니라 부모가 살아가는 삶의 방식을 눈으로 보면서 하나님을 믿는 자로서 바르게 사는 법, 다른 사람들과 올바른 관계를 맺는 방법을 배웁니다. 다시 말해서 아이는 하나님 앞에서 사는 부모를 보면서 인간이 마땅히 살아야 하는 삶의 방식이 무엇인지를 터득하게 되는 것입니다.

자녀는 부모를 통해 하나님 앞에서 살아가는 것이 무엇인지, 자기를 사용하여 하나님과 이웃을 이롭게 하며 살아가는 덕스러운 삶이 무엇인지를 본받아 따르게 됩니다. 그렇기에 인간의 가장 큰 행복은 부유한 집에서 태어나는 것이 아니라 올바른 지식과 올바른 삶의 방식을 터득한 참사람다운 부모 밑에서 태어나 자라는 것입니다.

덕이 있는 자녀가 되도록

로마의 철학자 키케로(Marcus Tullius Cicero, BC 106-BC 43)는 그의 책 『의무에 관하여』(On Duties)에서 사람이 인생을 살아가는 데는 두 가지 지식이 필요하다고 하였습니다. 기술(技術)에 대한 지식과 덕(德)에 대한 지식이 그것입니다. 그는 기술은 사물을 사용해서 사람을 이롭게 하는 것이며, 덕은 자신을 사용해서 남을 이롭게 하는 것이라고 그 차이를 설명합니다. 그리고 인류 사회는 덕으로써 행복하게 되고 자기 자신도 만족한 삶을 살게 된다고 보았습니다.

기술은 끊임없는 진보를 이룸으로써 물질 생활에 편리함을 가져옵니다. 이로써 우리 육신의 생명을 연장시키며 쾌적한 삶을 가능하게 합니다. 그러나 그것이 우리의 영혼까지 아름답게 하지는 못합니다.

저는 요즘 건강을 위해서 열심히 걷고 있습니다. 조용히 산책길에서 밤공기를 맡으며 걷고 있노라면 "따르릉 따르릉!" 하면서 요란스러운 소리가 갑자기 뒤에서 들릴 때가 있습니다. 자전거가 길을 비켜 달라는 것입니다. 한쪽으로 길을 비끼면 자전거는 쏜살같이 저를 스치고 지나갑니다. 자전거를 탄 사람은 저보다 더 빨리 달려갑니다. 저는 다리로 걷고 있지만 그 사람은 자전거를 타고 있기 때문입니다. 고무와 쇠, 철사와 플라스틱 등의 물질을 사용해서 만든 자전거는 인간의 육체를 편하게 합니다. 이것이 기술입니다. 그러나 기술은 삶을 위한 수단일 뿐이지 목표가 될 수는 없습니다. 왜냐하면 그것이 인간의 정신을 덕스럽게 만들어 주지는 못하기 때문입니다.

인간의 진정한 행복은 기술이 아니라 덕에서 옵니다. '덕'이라는 말은 라틴어로 비르투스인데, 비르투스는 '힘', '남자' 등의 단어와 의미가 통합니다. 그래서 덕은 '영혼이 가지고 있는 힘'이라고 할 수 있는데, 더 정확히 말하자면 '다른 사람과 사랑하는 관계를 맺을 수 있는 영혼의 힘'을 가리킵니다. 덕이 풍부한 사람은 덕이 부족한 사람을 만나도 그의 모자라는 부분을 채워 주면서 사랑의 관계를 유지합니다. 반면에 덕이 모자라는 사람은 항상 다른 사람으로부터 덕을 입어야 그 사람과의 관계를 지속할 수 있습니다.

덕스러운 삶의 비결은 사랑입니다. 따라서 덕이 있는 사람은 사랑의 사람입니다. 그는 마음속에 하나님과 이웃을 향한 사랑을 가지고 있습니다. 그 사랑은 영혼의 힘으로써 용서할 수 없는 사람을 용서하고 사랑하기 힘든 사람을 사랑하여 궁극적으로 남을 이롭게 하고 불완전한 자신도 완성해 갑니다. 이처럼 인간은 남을 사랑함으로써 덕의 삶을 살아갈 수 있으니, 이 사랑은 이기적인 자기 사랑이 아니라 모든 사람을 선하게 대하는 하나님의 사랑이며 이는 은혜를 통해서 옵니다.

한 인간의 삶은 결국 그의 '사람됨'과 일치합니다(잠 20:11). 그가 어떤 사람인가에 따라서 삶이 달라집니다. 야비한 성품의 사람은 걸어 다녀도 야비하고 자동차를 타고 있어도 야비합니다. 온유한 사람은 홀로 있을 때에도 온유하고 많은 사람들과 함께 있을 때에도 온유합니다. 그의 사람됨이 온유하기 때문입니다. 비겁한 사람도 한순간에는 용기를 낼 수 있고 경솔한 사람도 한순간은 신중해질 수 있지만, 그것은 잠시 먹은 마음입니다. 그 순간이 지나가면 그 사람의 본성과 살아가는 삶의 행동은 다시 일치를 이룹니다. 선한 사람의 선한 행동은 진실의 소산이지만, 악한 사람의 일시적 선행은 위선일 때가 많습니다.

그러므로 부모 된 자의 마땅한 관심사는 자신의 아이가 하나님을 사랑하고 이웃을 사랑하는 덕스러운 성품을 지닌 사람으로 변화되는 것이어야 합니다. 영혼의 변화에서 오는 이 덕은 우리의 정신을 선하게 만들어 덕을 베풀면서 살게 함으로써 선한 삶을 살도록 합니다. 그래서 덕스러운 성품은 그가 어디에 있든지 인류 사회를 위해 이바지하고 하나님의 영광을 드러내는 사람이 되게 합니다(빌 4:8).

한 사람이 그렇게 덕이 있는 참사람으로 성장할 수 있도록 결정적으로 돕는 기관이 바로 가정과 교회입니다. 그렇기 때문에 가정에서 부모는 자녀를 마땅히 덕스러운 성품을 지닌 사람으로 양육하여야 합니다.

낙심하는 아이들

부모가 자녀 안에 심겨진 하나님의 형상을 회복시켜 그들을 덕이 있는 참사람으로 길러내기 위해서는 자녀를 노엽게 하지 말아야 합니다. 여기서 '노엽게 하다.'라는 말은 '화나게 하다.', '격노하게 하다.', '진노하게 하다.' 등의 의미입니다(고전 10:22, 엡 4:31, 골 3:8).

아이들은 노엽게 되어도 그 분노를 표현할 힘이 없는데, 그때 그 분노가 아이 내면에 지속적으로 쌓이면 일평생 그를 지배하는 굽은 성품이 될 수도 있습니다. 그러므로 부모가 자녀를 노엽게 하는 것은 커다란 정신적 폭력 행위이며, 하나님의 형상에 대한 파괴 행위임을 기억해야 합니다.

성경은 부모가 자녀를 노엽게 하지 말아야 할 이유에 대해 "낙심할까 함"이라고 설명합니다. '낙심하다.'에 해당하는 헬라어는 아뒤메오로, 이는 '없다.', '아니다.'라는 부정 접두어 아와 '열정' 또는 '욕망'

을 의미하는 단어 뒤모스가 결합된 것입니다. 즉, '낙심하다.' 라는 말은 '절망하다.' 또는 '열정이 사라지다.' 라는 의미입니다.

파스칼(Blaise Pascal, 1623-1662)은 인간의 삶을 실제적으로 움직이는 것이 감정이라고 생각하였습니다. 그는 이성의 사유를 중시한 데카르트(René Descartes, 1596-1650)와는 달리 인간의 일상의 삶을 영위하는 힘이 감정에 있다고 주장하였습니다. 그래서 인간에게 가장 중요한 것은 이성의 비판적인 사유가 아니라 바람직한 욕망을 품는 것이라고 했습니다. 그는 한 인간이 선하고 올바른 욕망을 가지고 있다면 지식이 적어도 선한 삶을 살아갈 수 있지만, 그릇된 욕망을 가지고 있다면 아무리 지식이 많다고 하더라도 악한 삶을 살아갈 수밖에 없다고 보았습니다.

부당한 방식이나 부당한 이유로 자녀를 노엽게 하는 부모가 있습니다. 그러면 아이는 좋은 삶을 살아갈 수 있는 선하고 올바른 감정이 꺾인 아뒤메오의 상태가 됩니다(골 3:21). 다시 말해서 인간으로서의 참된 삶을 살아가게 하는 열정이 고갈되거나 잘못된 감정 체계를 갖게 됩니다. 이렇게 되면 단지 인간다운 삶을 살 수 있게 하는 열정이 사라져서 무기력한 사람이 되는 것이 아니라 비이성적이고 야수적인 충동에 의해서 움직이는 이상한 사람이 될 수 있습니다.

10대 아이들 중에는 폭주족이 있습니다. 오토바이를 타고 깊은 밤 혹은 새벽 시간에 미친 듯이 도로를 달립니다. SNS를 통해 약속 장소가 정해지면 아이들이 여럿 모입니다. 그 아이들은 헬멧도 쓰지 않고 엄청난 속도로 도로를 질주합니다. 그러다가 사고가 나면 목숨을 잃거나 심각한 장애를 갖게 되는데도 아이들에게는 두려움이 없습니다. 한 기자가 물었습니다. "위험하지 않니? 헬멧도 안 쓰고, 사고가 나면 어떡하려고 그러니?" 중학생쯤으로 보이는 앳된 얼굴을 한 소녀가 대답했습니다. "뭐 어때요? 아저씨, 사고 나면 죽기밖에 더하겠어요?"

이처럼 인간다운 삶을 살아갈 수 있는 올바른 열정이 사라지면 무기력하게 되는 것이 아닙니다. 비이성적이고 충동적인 미친 성향이 그의 내면에 가득 차게 됩니다. 그러고는 솟구치는 동물적인 욕망을 따라 막 살아 버리게 됩니다.

이것을 존 오웬(John Owen, 1616-1683)은 『신자 안에 내재하는 죄』(On Indwelling Sin in Believers)에서 죄의 광기와 무모함 그리고 맹렬함으로 설명하였습니다. 그의 작품을 읽어 보면 신자 안에 있는 죄가 마치 진화하는 지적 생명체처럼 느껴질 정도로 교묘하게 인간을 이끌어 간다는 것을 알 수 있습니다.

존 화이트(John White, 1924-2002)가 그의 책 『내적 혁명』(Changing on the Inside)에서 인간은 자신 속에 야수를 하나씩 기르고 있다고 말한 것도 바로 이 때문입니다. 지금은 우리에 갇혀 있지만 이것이 언제 뛰쳐나와서 폭력적인 야수성이 발휘될지 모르는 존재가 바로 인간이라는 것입니다. 이러한 폭력적인 야수성은 아뒤메오 상태에서 배양되는 것입니다.

올바른 지성의 판단을 따르지 않는, 분노의 감정에 쉽게 굴복하는 성향이 여러분의 자녀의 성품에 굳어진다면 어떻게 되겠습니까? 여러분의 자녀가 이런 상태가 되어서야 되겠습니까? 그러므로 부모는 자신이 자녀를 노엽게 함으로써 자녀의 내면에 참인간으로 살기 위한 열정을 상실케 하고 있지 않은지 진지하게 돌아보아야 합니다.

자녀가 노엽게 되는 경우

그러면 부모는 어떤 경우에 자녀를 노엽게 할까요? 자녀가 노엽게 되는 경우는 여러 가지가 있는데 대체로 다음의 것들입니다.

첫째로 부모의 과도한 기대입니다. 어떤 부모는 자신도 못 해본 일들을 혹은 자녀의 능력을 넘어서는 일들을 자녀에게 기대합니다. 이것은 자녀를 사랑해서라기보다는 자기 사랑을 자녀에게로 확대한 것에 불과합니다. 물론 자녀의 판단이 항상 옳은 것은 아니기에 부모의 조언이 필요합니다. 그러나 부모가 원하는 모습으로 자녀를 만들 수는 없습니다. 하나님 이외에 어느 누구도 다른 사람을 자신이 원하는 존재로 만들 권한이 없고, 그럴 능력도 없습니다.

10여 년 전에 읽은 어느 어머니의 글이 떠오릅니다. 그 부부에게는 외동딸이 있었습니다. 외모가 예쁠 뿐만 아니라 매우 총명하였으며 시와 미술은 물론 음악에까지 재능 있는 아이였습니다. 특히 그림을 그리거나 시를 쓰는 것을 좋아하던 소녀였습니다. 하지만 부모는 딸이 의대에 진학하기를 바랐습니다. 그래서 딸에게 그림이나 시를 접고 공부에 전념하기를 강요하였고 딸의 의지를 꺾을 수 없었기에 급기야는 딸 아이 방에 있던 이젤을 부수고 시를 적어 놓았던 많은 노트들을 빼앗아 불태워 버렸습니다.

실의에 빠져 눈물과 시름으로 하루하루를 보내던 아이는 어느 날 자신의 방에서 목을 매었습니다. 그 아이의 나이 16세, 중학교 3학년이었습니다. 그때에야 아이 엄마는 자신의 행동을 후회했지만 이미 사랑하는 딸은 세상을 떠난 뒤였습니다. 그렇게 뼈저린 후회 속에서 딸이 방 안에 숨겨 놓았던 그림과 시들을 찾아서 시화전을 열어 주었던 것입니다.

여러분의 자녀는 여러분의 자녀라는 사실 때문에 매우 특별하고 하나님의 형상을 가졌다는 이유만으로도 매우 귀합니다. 그러므로 여러분의 욕망을 자녀에게 투사하지 마십시오. 여러분의 자녀에게 실현되어야 할 것은 하나님의 형상의 회복이지 부모의 욕심이 아닙니다.

인간은 누구든지 하나님께서 주신 각자의 재능을 따라 하나님과 이웃을 섬길 수 있도록 자유롭고 안전한 환경에서 양육되어야 합니다. 그들은 주님 안에서 주어진 자신들의 삶을 살아가야 합니다. 그런데 이러한 것들을 무시하고 부모의 기대를 일방적으로 자녀의 어깨에 지우는 것은 잘못된 일입니다. 요즘 많은 부모들은 하나님을 믿는다고 하면서도 교육에 있어서는 세상적인 가치관을 따라 자녀를 억압하고 자신의 뜻대로 이끌어 갑니다. 그러다가 부모가 강요하는 정도가 지나치면 자녀와의 관계가 깨어집니다. 이러한 일이야말로 자녀를 노엽게 하는 것입니다.

둘째로 자녀에게 비인격적으로 집착하는 것입니다. 집착과 인격적인 사랑은 다릅니다. 인간은 그 누구를 향해서도 그 사람이 없으면 살 수 없을 것 같은 마음의 상태가 되어서는 안 됩니다. 하나님께서는 가족이 주님 안에서 사랑하기를 원하시지 누군가에게 자신의 인생 전체가 달린 것처럼 관계를 맺고 살기를 바라시지는 않습니다. 더욱이 부모가 자녀에게 그런 집착으로 자녀를 노엽게 하는 것은 부모와 자녀의 관계를 허락하신 하나님의 뜻이 아닙니다. 자녀에 대한 그런 집착은 결코 인격적인 사랑이 아님을 기억하여야 합니다.

셋째로 과도한 징계입니다. 하나님께서 부모에게 자녀를 징계할 수 있는 권한을 주신 것은 그들로 하여금 선악을 분별할 수 있는 사람으로 자라게 하기 위함입니다. 부모는 자녀에게 선과 악이 무엇인지를 가르쳐 줄 뿐만 아니라 상과 벌을 통해서 선악에 대한 판단력을 기르고 거기에 부합하는 삶을 살도록 자극할 수 있습니다.

징계는 사랑과 기대의 표시이기도 합니다(히 12:8). 그러나 이 징계가 과도하면 부모와 자녀 사이의 사랑의 연합이 깨어집니다. 아이를 징계해도 사랑으로 이루어진 부모와의 연합이 견고하면, 아이가 징계를 받아들일 수 있습니다. 반대로 사랑의 연합은 약한데 징계가 과도하면, 그 속에서 아이들은 자신의 존재에 대한 부모의 분노를 읽습니다. 그렇게 될 때 아이들은 노여워하게 됩니다. 더욱이 자신이 징계받은 것이 과도히 부당하였다는 사실을 후일에라도 알게 된다면 과거의 그 기억은 현재에 재해석되면서 상처로 남습니다. 여기서 말하는 '과도한 징계'란 징계해야 하는 마땅한 경우에 징계의 수위가 과도한 경우도 포함되지만 징계받을 이유가 없을 때에 부모가 분을 내는 것도 포함됩니다.

여러분은 자녀가 부모인 자신이 정해 준 규칙을 따르지 않을 때 더 화가 나십니까, 아니면 하나님의 명령에 어긋나는 행동을 할 때 더 화가 나십니까? 가령 엄마가 아이를 위해 세워 놓은 규칙이 있다고 합시다. 아이가 학교에서 돌아오면 외출복을 갈아입고 손을 깨끗이 씻은 후에 숙제를 하는 것입니다. 그런데 아이가 그 규칙에 따르지 않습니다. 옷을 갈아입지 않았거나 갈아입었더라도 방바닥에 옷을 아무렇게나 벗어 놓습니다. 숙제를 하기는커녕 빈둥거리면서 컴퓨터 게임에만 몰두합니다. 자녀가 이렇게 행동할 때 더 화가 나십니까, 아니면 그 아이가 하나님의 계명을 어겼을 때 더 화가 나십니까?

대부분의 부모들은 아마 전자일 것입니다. 하나님의 명령을 어기는 것은 그렇게 큰 문제가 안 됩니다. 그러나 부모인 자신이 세운 규칙을 아이가 깨뜨릴 때는 속에서 분노가 치밀어 오릅니다. 그래서 때로는 아이에게 매질까지 합니다. 저는 지금 자녀를 올바르게 양육하기 위해 세워 놓은 부모의 규칙을 아이가 어길 때 징계하지 말라는 의미가 아닙니다. 먼저 부모의 마음속에 자녀 교육을 위한 가치의 질서가 올바로 세워져야 한다는 것을 말하고자 함입니다.

넷째로 부모의 그릇된 모본입니다. 신앙적으로 혹은 윤리적으로 그릇된 부모의 모본은 자녀에 대한 강력한 폭력입니다. 이럴 경우 부모가 자녀에게 회초리 한 번 안 들고 따귀 한 번 안 때려도 자녀는 부모로부터 큰 상처를 받고 분노할 수 있습니다.

아이들은 부모의 품에서 세상을 배웁니다. 어렸을 때는 엄마 아빠의 말이 모두 진리인 줄 압니다. 부모가 그들이 아는 세상의 전부이기 때문입니다. 그런데 아이가 점점 더 자라면 엄마 아빠를 객관적으로 보기 시작합니다. 다른 부모를 보면서 자기 부모와 비교하기도 하고 사회에 대한 지식이 쌓여 가면서 부모를 평가할 수 있게 되기도 합니다. 아이가 어렸을 때는 부모의 말을 통해 배우지만 자라면 부모의 등 뒤에서 부모의 삶을 보고 배웁니다. 그때 부모가 말로 가르쳐 온 삶과 살아가는 삶이 일치하지 않을 때 아이는 정신적인 폭력을 경험합니다. 그리하여 자녀는 부모를 향해 노여움을 품게 됩니다.

다섯째로 무관심과 방치입니다. 부모로서 자녀에 대한 도리가 무엇인지, 자녀를 어떻게 양육해야 하는지에 대한 깊은 숙고 없이 무관심으로 방치하는 것은 자녀를 노엽게 합니다. 부모가 자녀에 대한 사랑이 없어서 자녀를 사랑과 관심으로 돌보지 않는 것 자체가 자녀에게 커다란 상처가 되는 것입니다. 그때 자녀의 마음에 노여움이 쌓입니다. 그러므로 여러분이 부모라면 자녀를 무관심으로 방치하지 마십시오(딛 2:4). 그것은 명백한 죄입니다. 자녀를 길거리에 버리는 것만을 말하는 것이 아닙니다. 매일의 삶에서 자녀에게 무관심한 것 자체, 자녀가 부모의 제일의 관심사가 되지 못하는 것들이 자녀에 대한 무언의 폭력임을 기억해야 합니다.

　이러한 모든 것들은 자녀 안에 있는 하나님의 형상을 파괴하는 일일 뿐만 아니라 부모와의 인격적인 관계도 깨뜨립니다. 더욱이 자신의 소중한 자녀를 무관심으로 방치하는 삶을 계속하는 동안에 부모인 그들의 영혼은 얼마나 추루해지겠습니까? 그렇게 부모와의 인격적인 관계를 상실하고 아뒤메오의 상태가 된 아이가 설령 세상이 말하는 성공을 이루었다고 한들 그것이 무슨 가치가 있겠습니까?

사랑으로 양육하라

　　　　　　　　　　성경은 부모들에게 자녀를 노엽게 하지 말라고 촉구합니다. 그러나 이 말은 단순히 자녀를 화나게 하지 말라는 뜻이 아닙니다. 사랑으로 자녀를 가르치라는 당부입니다(눅 23:28, 엡 6:4). 한 사람을 하나님 앞에 올바른 사람으로 자라도록 양육하는 부모의 이 소명이 얼마나 큰 것인지를 생각해 보십시오.

　이 세상의 모든 부모는 자신의 자녀가 특별하기를 바랍니다. 저도 그런 평범한 부모였습니다. 결혼한 지 7년 만에 아들을 낳았습니다. 이 아이가 정말 특별한 아이이기를 바랐습니다. 처음에는 제 꿈이 이루어지는 것 같았습니다. 아이가 얼마나 영특하고 책도 많이 읽는지, 매번 100점만 받아 왔습니다.

그런데 어느 때부터인가 아이가 빗나가기 시작하였습니다. 빗나갔다기보다는 보통의 아이로 자라게 되었다고 해야 맞을 것입니다. 그러나 당시 제 생각에는 아이가 심각하게 잘못된 방향으로 가고 있는 것처럼 보였습니다. 아이의 방 안은 정리가 되지 않아 너저분했습니다. 책상 위에 양말이 올라와 있었고, 책들은 방 안 여기저기에 펼쳐져 있었습니다. 아이의 학교 성적은 뚝 떨어졌습니다.

저는 개척한 교회를 돌보랴, 신학교에서 강의하랴, 집회에 다니랴 점점 더 가족과 함께할 시간은 줄어들었습니다. 그러면서 제 기대와 다르게 변하는 아이를 엄하게 책망하는 시간이 많아졌고 가끔씩은 종아리에 멍이 들도록 때렸습니다. 그러자 아이와의 사이는 멀어졌고 급기야 아이는 저를 피하기 시작했습니다.

아이가 초등학교 6학년이 되었을 무렵으로 기억합니다. 지방에서 집회를 마치고 홀로 차를 몰고 집으로 돌아오는 길이었습니다. 무슨 특별한 계기가 있었던 것은 아니었는데 불현듯 제 마음속에 하나님께서 이렇게 말씀하시는 것 같았습니다. "얘야, 너도 나에게는 자식이고 네 자식도 너에게는 자식이지 않니? 그런데 너는 왜 내가 너를 다루는 것처럼 네 아이를 다루지 않니?"

저는 길가에 차를 세워 놓고 얼마나 많이 울었는지 모릅니다. 제가 그동안 자식에게 했던 지나친 책망과 징계, 분노는 하나님을 사랑하는 동기에서 행한 것이 아니었습니다. 그 아이가 하나님의 말씀에서 어긋났기 때문에 화를 낸 것이 아니라, 제가 그 아이에게 갖고 있는 높은 기대치에 어울리지 않는 아이의 모습에 대한 불만의 표현이었습니다. 그것은 혈기에 불과한 것이었습니다. 아이에 대한 인격적인 사랑이 모자랐던 것입니다. 그때가 부모로서 제가 자녀 교육에 대해 회심하는 순간이었습니다.

사실 제가 하나님께 온전한 아들이 되지 못한 것이 제 아들이 제게 온전한 아들이 되지 못한 것보다 훨씬 더 컸습니다. 그럼에도 불구하고 하나님께서는 한 번도 저를 폭언이나 폭력, 위협이나 비인격적인 억압으로 다루시지 않았습니다. 저를 징계하신 적은 있었지만, 한 번도 복수하기 위해서 때리신 적은 없었습니다. 언제나 당신의 마음은 더 아프시지만 저를 때리신 것은 저의 마음을 당신께로 돌이키게 하고자 하심이었습니다.

저의 잘못을 깨달은 그날 이후로는 한 번도 아이에게 매를 대지 않았습니다. 오직 사랑만 해주려고 노력하였습니다. 그렇다고 아이에게 괄목할 만한 어떤 변화가 즉시 뒤따라온 것은 아니었습니다. 아이는 예전의 그 아이 그대로였습니다. 그러나 저에게 아이를 이해할 수 있는 마음이 생겼습니다.

하나님께서 저를 그렇게 오래도록 기다려 주셨던 것처럼 저도 아이를 기다려 주려고 노력했습니다. 가끔은 아이를 데리고 나가서 옷도 사 주고 먹고 싶다는 것도 사 주었습니다. 단둘이 산책을 하면서 이런저런 대화를 나누기도 하였습니다. 그리고 시간을 내어 가족끼리 여행을 떠나 함께하는 시간을 갖기도 하였습니다. 제가 기대한 것만큼 아이가 탁월하게 공부를 잘하거나 뛰어난 재능은 없었지만 부모와 자식의 관계는 그런 조건이 아니라 사랑에 의해서 온전해지는 관계임을 깨달았기 때문입니다.

인간이 부모가 되고 자식이 되는 것은 계약 관계가 아닙니다. 하나님께서는 제가 공부를 많이 하고 성품이 좋았기 때문에 사랑해 주신 것이 아니었습니다. 그저 사랑하셨습니다. 그래서 예수 그리스도를 이 세상에 보내셔서 저를 대신하여 십자가에서 죽게 하셔서 당신의 자녀로 삼아 주셨습니다. 하나님께서 영원 전부터 저를 당신의 자녀로 여기셔서 사랑하신 것처럼 저도 그 아이가 하나님께서 주신 제 자녀이기 때문에 사랑하기로 했습니다. 그 이후로는 단 한 번도 아이에게 성적표를 보여 달라고 요구하지 않았습니다. 단지 아이의 가슴속에 다음과 같은 사실만 새겨지기를 바랐습니다. '우리 아빠는 내가 하나님을 사랑하는 사람으로 자라는 것을 가장 기뻐하신다.'

여러분의 자녀 안에 있는 주님의 형상을 발견하고 그를 귀히 여기십시오. 자녀는 부모가 낳았고 부모가 돌보기 때문에 마음대로 할 수 있는 소유물이 아닙니다. 하나님의 형상을 지닌 독립적인 인간으로, 인간으로서의 존엄과 가치는 그 무엇에 의해서도 훼손되어서는 안 됩니다. 육신의 장애 여부나 정신 수준의 높고 낮음, 부모의 사회적 지위에 상관없이 그 안에 있는 하나님의 형상으로 인해서 자녀는 모든 사람에게 존귀히 여김을 받아야 합니다. 그리고 우리는 그리스도인으로서 잘못된 세상의 흐름에 대항하여야 할 의무가 있습니다.

부모의 가장 큰 의무는 아이를 온 마음으로 사랑하는 것입니다. 어떠한 경우에도 그 아이를 버리거나 포기하지 말아야 할 마지막 사람이 바로 부모입니다. 아이가 하나님의 말씀 안에서 온전한 자유를 누리면서 성장하도록 그 아이를 품어 주는 것이 부모가 하여야 할 마땅한 일입니다.

먼저 좋은 자녀가 되라

여러분은 먼저 하나님 앞에서 그분의 좋은 자녀가 되려는 마음을 가져야 합니다. 그 거룩한 열망이 없으면 자신의 자녀를 올바로 키울 수 없습니다. 자녀는 그러한 부모의 모습을 보고 자라기 때문입니다.

부모는 먼저 하나님과 인간, 세계와 자기 자신이 어떤 관계를 맺어야 하는지를 알아야 합니다. 부모는 사람이 어떤 삶을 살아야 하고 하나님께 어떤 자녀가 되어야 하는지에 대한 분명한 견해가 있어야 합니다. 그래서 그리스도를 힘입어 구원받은 하나님의 자녀로 참되게 살기 위해서 몸부림치는 구도자여야 합니다(딤후 1:5, 요삼 1:4). 이를 위해서 늘 진리의 말씀을 사모해야 합니다.

아이들은 부모의 손에서 성경과 책이 떨어지지 않는 것을 보면서 삶의 지혜를 터득합니다. 사랑스러운 어린아이를 무릎에 두고 엄마는 기독교의 교리를 하나씩 하나씩 가르쳐 주고, 아빠는 그것을 실천하는 삶의 모습을 보여주어야 합니다. 그곳이 인생 최고의 학교입니다.

그런데 요즘의 교육은 인생에 대한 통합적인 견해를 갖게 해주는 대신 파편화되어서 물질 중심으로 이루어진 지식만을 전해 줍니다. 그 결과 하나님은 물론 다른 사람들과도 올바른 관계를 맺지 못하는 사람들을 양산해 냅니다. 이 문제를 해결하기 위한 방안으로 여기저기에서 인문학 열풍이 붑니다. 이러한 시도에 긍정적인 면이 없는 것은 아니지만 과신(過信)해서도 안 됩니다. 근본적으로 인문학의 뿌리는 하나님께서 계셔야 할 자리에 인간을 두고 있기 때문입니다.

참된 인문주의(Humanism)는 올바른 기독교 신앙을 사람들에게 가르쳐 줌으로써 실현됩니다. 하나님에 대한 경건한 사랑과 그 사랑으로 재편된 질서 속에 있을 때, 인간은 가장 아름답고 존귀한 존재가 되며 모든 사람이 서로를 존엄한 가치를 지닌 존재로 여길 수 있게 됩니다. 이것이 바로 진정한 휴머니즘입니다. 그 안에서 하나님께서는 인간과 사회를 통해 영광을 받으시고, 인간은 참으로 행복한 삶을 살아갈 수 있습니다.

맺는 말

제가 매우 싫어하는 선물이 있습니다. 바로 분재(盆栽)입니다. 제게는 그런 물건이 예쁘게 보이지 않고 때로는 흉측하게까지 느껴집니다. 인간이 자연에 가한 폭력적인 강제성 때문에 때로는 분노의 감정까지 일어나기도 합니다. 왜 살아 있는 식물을 자유롭게 자라도록 내버려두지 않고 성장 억제제를 주고 구리철사로 온 몸을 칭칭 감아서 자기가 원하는 모습이 되도록 하는 것일까요? 혹시 여러분은 자녀를 분재로 키우고 있지는 않으십니까? 자녀가 자신이 원하는 모습으로 자라도록 이렇게 저렇게 제약하면서 다그치지는 않습니까?

저는 부모님을 떠나 서울에서 유학하며 오랜 시간을 할머니와 함께 살았습니다. 그때 할머니와 각별한 정을 나누었는데 후에 할머니가 돌아가시기 전에 저에게 이렇게 말씀하셨습니다. "얘야, 내가 너에게 유언을 하나 하고 싶구나. 나 죽으면 염(殮)한 다음에 베옷으로 싸서 묶지 말고 그냥 편안한 옷을 입혀 다오. 나는 평생을 속박받으면서 살아왔단다. 그러니 마지막 가는 길만은 자유롭고 싶구나. 사람은 자유로워야 한단다."

그래서 할머니가 돌아가셨을 때 저는 시신을 깨끗이 닦아 드리고 하얀 치마저고리를 만들어 입혀 드렸습니다. 장의사는 그래도 묶어야 된다고 했지만 제가 절대로 못하게 했습니다. 그러고는 시신이 흔들리지 않도록 관 안에 솜뭉치를 구석구석 채우고 편안한 모습으로 안장시켜 드렸습니다. 저는 '자유'(自由)라는 말을 생각할 때마다 하얀 한복을 입은 채 천사 같은 얼굴로 관에 누워 계셨던 할머니의 마지막 모습이 떠오릅니다.

모든 사람은 자유로운 존재로 살아야 합니다. 사람은 누구나 자유로울 권리가 있습니다. 인간이라면 누구라도 하나님의 말씀에 어긋나지 않는 한 자유를 누릴 수 있고 그 자유는 서로에 대한 사랑 안에서 존중되어야 합니다.

여러분의 자녀를 분재처럼 키우지 마십시오. 있는 모습 그대로 사랑해 주십시오. 타고난 개성을 따라 마음껏 자유롭게 자라도록 도와주되, 많이 사랑해 주십시오. 나중에 후회하지 않도록 지금 마음을 다해 한없이 사랑해 주십시오. 그 아이가 늙어 노인이 되었을 때에도, 부모인 여러분을 생각할 때마다 그리움에 눈물 흘리도록 그렇게 한없이 사랑하십시오. 주님께서는 여러분에게 자녀를 주시면서 당신의 사람으로 길러 달라고 부탁하셨습니다. 주님의 당부를 따라 온전한 사랑으로 자녀를 양육하기를 바랍니다.

적용과 실천을 위한 나눔

7장 부모의 덕목, 자녀를 낙심케 말라

결혼한 이들에게

자신의 자녀가 어떠한 사람으로 자랐으면 좋겠습니까? 혹은 자녀를 향해 가지고 있는 목표는 무엇입니까?

본문에는 자녀들이 노엽게 되는 경우가 예시되어 있습니다. 혹시 자신에게 해당되는 경험이 있다면 나누어 봅시다.

자녀와 갈등을 겪었던 경험이 있습니까? 그 갈등을 해결하였다면 돌파구가 무엇이었는지 나누어 봅시다. 혹시 아직도 갈등을 해결하지 못하고 있다면 어떻게 풀어야 할지 나누어 봅시다.

결혼하지 않은 이들에게

자신이 부모에게 물려받은 유산 중 가장 귀한 것은 무엇입니까?

미래의 자녀가 어떤 성품과 성향, 어떤 장점을 지닌 사람으로 자랐으면 좋겠습니까?

자녀를 올바르게 기르려면 하나님 앞에서 먼저 좋은 자녀가 되어야 합니다. 하나님의 좋은 자녀됨을 방해하는 자신의 잘못된 부분들은 어떤 것입니까?

3부 남겨진 또 하나의 문제, 이혼

요즘은 예전보다 이혼이 훨씬 쉽게 받아들여지는 시대입니다. 이제 이혼의 경력은 더 이상 부끄러운 과거가 아닙니다. 물론 성경과 교회의 전통에서도 일정한 경우에는 부부가 이혼할 수 있는 가능성을 열어 놓고 있습니다. 그러나 오늘날처럼 이혼에 대해 관대하지는 않았습니다. 오늘날의 문제는 사람들이 너무나 쉽게 이혼을 결정한다는 것입니다.

오늘날의 많은 사람들이 생각하는 것처럼 이혼은 단순한 문제가 아닙니다. 그래서 교회는 이혼을 생각하는 사람들에게는 이혼 이후에 펼쳐질 현실적인 문제들을 결혼 제도에 관한 성경의 가르침과 함께 고민하도록 만들어 주어야 합니다. 우리는 이혼으로 인해 발생할 심각한 문제들을 이혼과 함께 고려하지 않으면 안 되는 것입니다.

그러나 또 다른 한편으로 교회는 어쩔 수 없이 이혼한 사람들이 소망을 가지고 하나님 앞에서 새로운 삶을 살 수 있도록 도와야 합니다. 그러므로 부득이한 이유로 이미 이혼한 사람들을 비난하거나 정죄해서는 안 됩니다. 그러한 아픈 가정사를 간직했음에도 불구하고 어찌하든지 하나님 앞에서 자신의 삶을 살아가고자 몸부림치는 영혼을 교회는 격려하고 품어야 합니다.

바리새인들이 예수께 나아와 그를 시험하여 이르되 사람이 어떤 이유가 있으면 그 아내를 버리는 것이 옳으니이까 예수께서 대답하여 이르시되 사람을 지으신 이가 본래 그들을 남자와 여자로 지으시고 말씀하시기를 그러므로 사람이 그 부모를 떠나서 아내에게 합하여 그 둘이 한 몸이 될지니라 하신 것을 읽지 못하였느냐 그런즉 이제 둘이 아니요 한 몸이니 그러므로 하나님이 짝지어 주신 것을 사람이 나누지 못할지니라 하시니 **마 19:3-6**

8장   이혼을 생각하는 그대에게

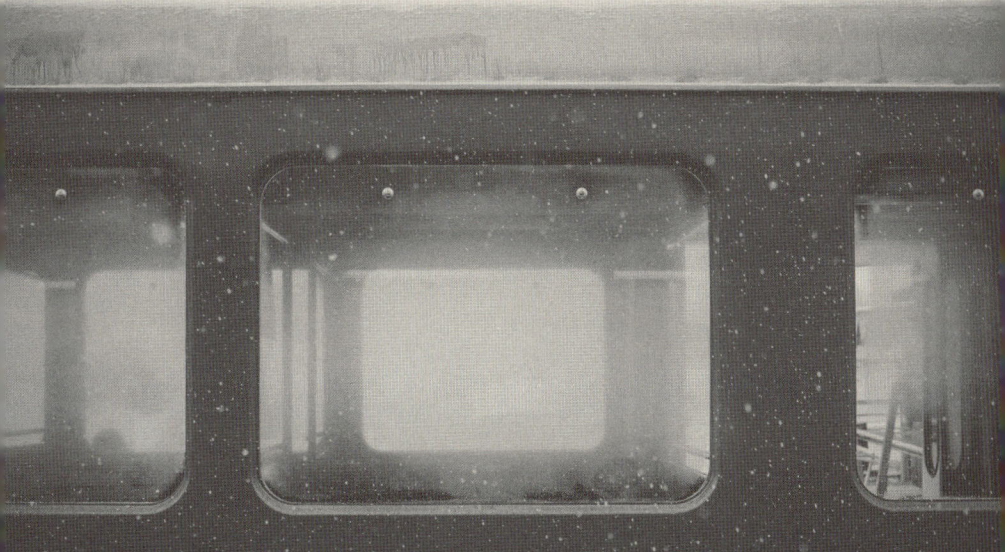

두 개의 함정

예수 그리스도께서는 베드로에게 "네 형제를 일곱 번을 일흔 번까지라도 용서하라."고 하시며 용서할 줄 모르는 종의 비유를 언급하셨습니다. 그러면서 용서의 중요성을 말씀하셨습니다(마 18:21-35).

그 후에 바리새인들은 예수님을 시험하기 위해 질문했습니다. "사람이 어떤 이유가 있으면 그 아내를 버리는 것이 옳으니이까"(마 19:3). 이 질문은 예수님의 가르침을 받기 위해서가 아니라 예수님의 말씀에 트집을 잡기 위함이었습니다.

질문의 요지는 이것입니다. "어떤 이유로 아내를 버리는 것이 가능합니까?" 이 질문에는 두 개의 함정이 있었습니다. 만약 예수님께서 아내를 버리는 것이 가능하다고 하신다면, 그것은 평소 예수님의 가르침인 사랑과 용서에 위배되는 것이었습니다. 그렇다고 해서 아내를 버리면 안 된다고 말씀하시면 이것은 모세가 준 율법과 전면적으로 배치되는 것이었습니다(신 24:1).

모세는 이스라엘 백성들이 그토록 중요하게 생각하는 율법을 하나님께로부터 직접 받은 사람으로서 모든 선지자들의 비조(鼻祖)였습니다. 이에 비하여 예수님은 대부분의 이스라엘 사람들에게 단지 율법을 가르치는 선생에 불과하였습니다(마 26:49, 막 14:45, 요 1:49). 그렇기 때문에 예수님께서 모세가 전해 준 율법과 반대되는 의견을 제시하신다면 이것은 매우 심각한 문제였습니다.

예수님께서는 이혼의 가(可), 불가(不可)를 말씀하시기 전에 모세의 전통을 넘어 우리의 관심을 창세기 2장으로 돌리시면서 하나님께서 사람을 지으신 계획에 대해 말씀하십니다. 그리고 본디 이혼이 허락된 것이 아님을 선언하십니다. 원래는 이혼이 불가한데 인간들이 너무나 완악하기 때문에 임시적으로 이혼 증서를 써 주어서 아내를 버리는 것이 허락되었다는 것입니다(마 19:8, 막 10:5).

모세의 시대에는 한 남자가 한 여자를 아내로 맞아들여서 살다가 이러저러한 이유로 아내를 버리는 일이 있었던 듯합니다. 그러면 또 다른 남자가 버려진 여자를 아내로 맞이하여 살 수도 있었을 것입니다. 그러한 현상이 사회에 만연해지면 사회적으로 또는 법적으로 부부 관계가 불명확하게 되면서 많은 혼란이 야기될 것이었습니다.

그래서 모세는 법적인 관계를 명백하게 하기 위해 이혼 증서를 써 주라고 하였습니다(신 24:3). 그러나 그것도 남자가 마음대로 그리할 수 없도록 조건이 명확히 제시되어 있었습니다. 바로 아내로서 자격이 없는 여자가 그것을 감추고 결혼한 경우인데 아마도 이것은 음행을 가리키는 것으로 여겨집니다(렘 3:8 참고).

세계와 사회를 향한 계획

하나님께서는 천지 만물을 모두 창조하신 후에 아담과 하와를 지으셨습니다. 그런데 하나님의 계획은 아담과 하와 단둘이 낙원에서 마냥 뛰어놀면서 지내게 하는 것이 아니었습니다.

하나님께서는 천지 만물을 모두 창조하신 후 이렇게 생각하셨습니다. "보시기에 심히 좋았더라"(창 1:31). 그런데 그 다음 장을 보면 아담 홀로 있는 것이 하나님 보시기에 좋지 않았다는 말이 나오는데, 이는 마치 모순처럼 느껴집니다(창 2:18).

하나님께서 세상을 창조하셨을 때 이 세계는 아름다웠습니다. 하지만 이 세상을 하나님의 창조의 의도에 맞게끔 이끌어 가시기 위해서는 한두 명이 아니라 많은 사람들이 필요했습니다.

그러므로 한 사람 아담을 창조하고 만족을 표현하신 것이 자연 세계와 함께 창조된 인간에 대한 만족이라면, 창세기 2장에서 나타난 아쉬움의 표현은 하와를 만들어 그들의 후손이 태어나게 하여 인류 사회를 건설하시려는 과정에서 나온 '인간의 눈높이에 맞춘 묘사'라고 할 수 있습니다. 즉, 여자를 창조하시고 그 여인 하와와 아담을 부부로 만드시는 당신의 경륜을 인간들이 이해할 수 있는 방식으로 설명해 주시기 위해서였습니다. 신학에서는 이러한 것을 **아콤모다티오**라고 부릅니다.

하나님께서는 하나님 안에 있는 아름다운 성품을 남자와 여자에게 나누어 주셨습니다. 그리고 그 남자와 여자의 결합을 통해서 태어나는 아이들이 부모를 바라보면서 하나님의 성품을 발견하도록 하셨습니다. 이처럼 부모를 통해 하나님에 대해서 배운 아이들은 아름다운 사람으로 자랄 것입니다. 이러한 사람들이 이 땅에 많아짐으로써 인류 사회가 번성해 갑니다. 이러한 인류 사회 건설을 위한 위대한 출발이 바로 '혼인' 입니다.

그리하여 예수님께서는 "어떤 이유로 아내를 버리는 것이 가능합니까?"라는 바리새인들의 질문에 답하기에 앞서 하나님께서 사람을 남자와 여자로 지으시고 한 몸이 되게 하신 혼인의 원리에 대해 말씀하셨습니다.

그러면서 마지막 부분에 다음과 같이 말씀하십니다. "하나님이 짝지어 주신 것을 사람이 나누지 못할지니라"(마 19:6). 이 말씀에 의하면 결혼은 하나님의 뜻을 따라 이루어진 일이고, 이혼은 사람이 하는 일이라는 것입니다. 원칙적으로 이혼이 하나님께서 남녀를 만드시고 그들을 통해 아름다운 인류 사회를 이루시려는 위대한 계획에 어긋나는 일임을 명백히 말씀하신 것입니다.

이혼이 허락될 때에도

그럼에도 불구하고 그리스도인들에게도 이혼이 허락되는 때가 있습니다. 예수님께서도 배우자의 음행이 사유인 경우에는 이혼을 허락하셨습니다(마 19:9). 사도 바울의 가르침에는 이혼을 허락하는 한 가지 사유가 더 등장합니다. 신실하게 신앙 생활을 하려고 하는데 다른 배우자가 그것을 싫어하면서 지속적으로 박해하고 신앙 생활을 하지 못하도록 강요하여 결혼 생활을 유지하기 위해서는 신앙을 포기할 수밖에 없는 경우에는 이혼할 수 있다는 것입니다(고전 7:15).

철저한 신앙적 삶을 고집하였던 영국의 청교도들은 이혼 사유를 더 추가했습니다. 배우자 중 어느 한편이 정신이상자가 되거나 불치의 병을 숨기고 결혼을 한 경우 또는 어느 한편이 성적으로 불구가 된 경우에도 교회가 이혼할 수 있도록 허락했습니다. 청교도들은 이런 경우에는 실제적으로 성경이 의도하는 결혼 생활이 유지되기 매우 어렵다고 판단하였기 때문입니다.

그러나 성경과 교회 역사에서 허용되고 있는 이러한 이혼 사유들조차도 이혼을 할 수 있는 허용적인 조건을 보여주는 것이지, 그러한 상황이면 반드시 이혼해야 한다는 것을 가르치는 것은 결코 아닙니다. 하나님께서 이혼을 기뻐하신다는 의미는 더욱 아닙니다.

복음의 정신에 비추어 보면, 이혼이 허락되는 경우에라도 용서하고 함께 살아가는 일이 하나님 보시기에 더 아름다운 일임을 알 수 있습니다(마 6:14, 고전 7:10, 12).

우리는 하나님의 사랑을 전했던 호세아를 통해서도 이러한 답을 발견합니다. 그는 거룩한 선지자로 부름받았지만 음란하기로 이름난 여인 고멜과 결혼하라는 명령을 받았습니다(호 1:2).

호세아는 하나님의 명령을 따라 그 여자와 결혼하였습니다. 그러나 그 여자는 결혼한 후에도 다른 남자와 음란한 관계를 지속하였습니다. 아버지가 누군지도 모르는 아이를 낳았고, 다른 남자와 동거하기 일쑤였습니다. 이미 혼인한 그의 아내 고멜은 한 남자만으로는 결코 만족하지 못하는 여자였습니다.

그러나 호세아는 고멜이 밖에 나가 아이를 낳고 돌아와도 그녀를 용서하고 받아들였습니다. 그리고 아버지가 누군지도 모르는 아이를 키웠습니다(호 3:1-3). 그것은 그가 이혼을 두려워했거나 아이를 키워 줄 사람이 없어서가 아니었습니다. 이혼한 후 사람들 입에 오르내려 가문의 명예가 더럽혀지는 것이 싫어서도 아니었습니다.

호세아는 고멜을 진심으로 사랑했습니다. 그녀를 불쌍히 여겼고 아내를 향한 그의 사랑은 뼛속 깊이 타들어갔습니다. 그래서 음란한 여인을 끊임없이 용서하며 자신의 아내로 받아들였습니다.

이러한 정신은 예수님의 가르침에 의해서 찬란한 빛을 발합니다. "너희 원수를 사랑하며 너희를 박해하는 자를 위하여 기도하라"(마 5:44). 이 사랑은 사랑받는 대상 안에 어떠한 아름다움이나 좋은 것이 있어서 베푸는 사랑이 아닙니다. 사랑하는 사람의 마음속에 사랑이 있기 때문에 상대방에게 베푸는 사랑입니다. 하나님의 아가페의 사랑을 본받은 사랑입니다(요일 4:16 참고).

예수 그리스도께서는 그런 사랑으로 사람들을 사랑하라고 명하셨습니다. 원수까지도 사랑하는 것이 주님께서 바라시는 것인데 우리가 가족을 사랑하는 것은 너무나 당연한 일입니다. 자신의 가족인 남편과 아내를 사랑하지 않는 사람이 어떻게 눈에 보이지 않는 하나님을 사랑한다고 말할 수 있겠습니까?(요일 4:20) 오늘날의 자유로운 정신을 가진 현대 사고에는 이러한 사상이 어울리지 않을지 모릅니다. 그러나 성경은 그리스도의 사랑이 그런 것이라고 가르칩니다(고전 13:4).

그리스도인들이라고 해도 남편이 바람을 피우거나, 아내가 부정(不貞) 행위를 저지르면 이혼할 수 있습니다. 그러나 더 좋은 것은 그리스도의 사랑으로 용서하고 온전한 신자가 되도록 함께 사랑하며 사는 것입니다. 배우자 중 한쪽이 성불능자가 되어서 성적 생활이 불가능하면 이혼할 수 있습니다. 하지만 더 좋은 것은 또 다른 측면에서의 관계의 기쁨을 누리며 함께 사는 것입니다. 우리 주위에는 배우자 중 한쪽이 식물인간이 되어서 정상적인 결혼 생활을 유지할 수 없는데도 그를 사랑하는 마음으로 결혼 생활을 유지하는 사람들이 있습니다.

사랑은 이처럼 불가능한 일을 가능하게 하고 견딜 수 없는 것을 견디게 합니다. 이혼할 수 있습니다. 그러나 더 좋은 것은 사랑으로 그것을 이기며 함께 아름다운 가정을 만들어 가는 것입니다.

하나님과 이스라엘 백성들과의 관계를 생각해 보십시오. 오늘날 예수 그리스도와 교회와의 관계를 생각해 보십시오. 우리가 이스라엘 백성들처럼 얼마나 자주 신랑 되신 예수님을 버리고 세상으로 달려갑니까? 세상을 사랑하여 하나님을 모른 체할 때가 얼마나 많습니까? 그런데도 여전히 예수 그리스도와 우리 사이의 혼인 관계는 지속됩니다. 변함없이 우리를 사랑하시고 용서하시는 예수 그리스도의 사랑 때문입니다.

누구의 책임인가?

사람들은 부부 관계가 깨질 때 그 파탄이 누구의 책임인지를 따집니다. 아마 법적으로 판단을 하면 가정 파탄에 더 큰 원인을 제공한 사람이 있을 것입니다. 그러나 그것은 재산 분할할 때나 자녀의 양육권을 누가 맡을 것인가를 따질 때 필요한 것이지 신앙의 세계에서는 그런 일이 도움이 되지 않습니다. 가정이 깨지는 데에는 대부분 두 사람 모두에게 책임이 있기 때문입니다. 일방적인 피해자는 거의 없습니다.

혼인과 함께 부부에게 주어지는 공통된 책임이 있습니다. 바로 육체적인 연합과 정신적인 연합, 영적인 연합을 끝까지 완성해 가는 것입니다. 이것은 남편과 아내 모두에게 주어진 책임입니다. 처음에는 그 책임을 감당하는 것이 그리 힘들지 않습니다. 서로 뜨겁게 사랑하기 때문입니다. 하지만 시간이 흐르고 사랑이 식으면 어느덧 그 책임은 속박과 굴레로 다가옵니다. 그러다가 마음을 지키지 못하면 부부간의 연합의 끈은 점점 더 느슨해지고 상대방을 무관심과 냉대로 대하는 때가 옵니다.

그러므로 남편이나 아내가 배우자와의 육체적이고 정신적인 연합을 풀어 버리고 훨훨 날아가게 되는 일은 하루아침에 일어나지 않습니다. 그렇게 되기까지는 그들에게 혼자 버려진 것 같은 느낌을 받는 긴 외로움과 고독의 시간이 먼저 있기 마련입니다. 그 부분은 두 사람 모두의 책임입니다.

많은 여성들은 남편의 외도를 육체적인 쾌락을 탐하기 때문이라고 생각하는데 그렇지 않습니다. 오히려 그렇게 함으로써 남편은 아내에게서 누리지 못한 정신적인 연합을 찾아가는 것입니다. 반대의 경우도 마찬가지입니다. 어느 날 아내가 바람이 났습니다. 남편은 통탄합니다. 매일 뼈 빠지게 돈 벌어다 주고 가정밖에 몰랐는데 아내가 배신했기 때문입니다. 그러나 여자는 남편이 돈만 많이 벌어다 준다고 해서 살 수 있는 존재가 아닙니다. 아내가 외도하기 전에 혼인의 정신적 연합이 깨지고 외로움을 느끼는 긴 시간이 먼저 있었음을 기억해야 합니다.

하나님과의 관계에서

서로 노력하여 이혼을 하지 않는 것이 더 좋은 이유는 단지 이혼의 책임이 양쪽 모두에게 있어서가 아닙니다. 이혼 후에는 여러 가지 파탄의 상황을 맞이하게 되기 때문입니다. 그중 가장 심각한 것은 관계들이 파괴되는 것입니다. 부부가 함께 살다가 이혼을 하게 되면 그것은 많은 관계들의 파괴를 가져옵니다.

첫째로 이혼은 하나님과의 관계를 파괴합니다. 이혼을 결정하는 당사자는 이렇게 항변할지도 모릅니다. "사람들은 남편이 저에게 어떻게 했는지 모를 겁니다.", "제가 아내와 끝까지 이혼하지 않기 위해서 얼마나 많은 날들을 고통 가운데 살았는지 모를 겁니다." 물론 그렇습니다. 다른 사람들이 그 모든 사정을 어찌 다 알겠습니까? 오랫동안 부부로 살던 사람들이 결혼 생활을 접고 이혼을 결심하기까지 얼마나 많은 아픔의 시간들이 있었겠습니까? 그 고통스러운 사연들을 당사자 외에 누가 알 수 있겠습니까? 그러나 분명한 사실 하나는 성령 충만한 상태에서 이혼을 결심하는 사람은 없다는 것입니다.

대부분의 사람들은 제법 오랜 시간 동안 영혼의 어두운 시기를 지나면서 이혼을 결정합니다. 기도하기조차 힘든 혼란스러운 상황에서 이혼을 결정하는 것입니다. 그러다 보니 이혼 후에 어떤 일들을 만나게 될지에 대해서는 깊이 생각할 겨를이 없습니다. 지금 자신이 상처받았고 고통스럽다는 것에만 몰두합니다. 그래서 고통스러운 이 부부 관계만 청산하면 살길이 있을 것처럼 여기지만 사실은 그렇지 않습니다.

가끔 하나님께서 이혼하도록 응답해 주셨다고 하는 사람들을 만납니다. 그런데 대부분의 경우 그것은 사실이 아닙니다. 자신이 스스로에게 암시한 것에 불과합니다. 우리는 종종 이혼을 결행하고 나서 홀가분해졌다는 사람을 만납니다. 그러나 그 자유도 하나님께로부터 온 것이 아닙니다. 고통스러운 관계를 이어오던 남편으로부터 벗어났으니 당장은 자유로울 수 있습니다. 자신을 악랄하게 괴롭히며 의심하던 아내와 헤어지고 나면 일시적으로 평화를 느낄 수 있습니다. 그러나 그것은 참된 자유나 평화가 아닙니다.

우리가 짓는 죄는 질적으로 모두 같지만 그 크기는 모두 다릅니다. 그러니까 가정을 이루어 가면서 서로 갈등하고 미워하는 것도 죄지만, 하나님께서 맺어 주신 혼인의 연합을 끊어 버리는 것은 더 큰 죄입니다. 설령 이혼을 할 수 있는 조건이 갖추어진 상태라고 할지라도 이혼하는 것이 언제나 최선은 아니라는 것입니다. 어려움 속에서도 그것을 견디며 믿음으로 하나님께서 맡겨 주신 가정을 지키는 것이 최선입니다.

그래서 대부분의 경우 이혼을 하고 나면 하나님과의 관계는 회복하기 어려울 정도로 상합니다. 다시 은혜를 회복하여 성령 충만한 생활을 하는 것이 불가능한 것은 아니지만 쉬운 일이 아닙니다. 어찌되었든지 가정을 깨뜨린 것 자체가 하나님께 커다란 죄이고, 두 사람 모두의 영혼에 많은 손상을 주었기 때문입니다.

자녀와의 관계에서

둘째로 이혼은 자녀와의 관계를 파괴합니다. 결혼은 연애와 다릅니다. 결혼은 부부가 관계 속으로 들어가는 것입니다. 그리고 그 관계는 단지 두 사람만의 관계가 아니라 가족과 함께하는 관계입니다. 결혼을 하면 아무 관계가 없던 사람을 부모로 받아들여야 하고 또 형제로 받아들여야 합니다. 그들이 아플 때 함께 아파하고 그들이 기쁠 때 함께 기뻐하는 가족 관계 속으로 들어가야 합니다. 그런데 이혼을 하게 되면 그 모든 관계가 파괴됩니다. 그리고 그때 가장 큰 충격을 받는 사람은 바로 자녀입니다.

부부는 이혼함으로써 남남이 될 각오가 충분히 되어 있습니다. 함께 살 의지가 있고 사랑이 남아 있는 동안에만 부부 싸움은 칼로 물 베기입니다. 이 사람과 헤어져야겠다는 결심이 서면 돌아눕기만 해도 남남이 되는 것이 바로 부부입니다. 이혼을 선택한 남편과 아내는 자신들의 결정으로 각자의 행복을 찾아갑니다. 그러면 아이들은 어떻게 되겠습니까? 엄마 아빠가 갈라서고 가정이 깨졌을 때 겪을 자녀의 정신적인 충격을 헤아려 보셨습니까? 아이가 아직 어리기에 아무것도 모를 것이라고 생각하십니까? 그렇지 않습니다.

어떤 사람은 이렇게 되물을지도 모릅니다. "그러면 목사님, 제가 한 사람으로 행복해지는 것이 그 아이들의 부모라는 이름 때문에 짓밟혀도 좋다는 말인가요?"

이렇게 말하는 사람은 자기 중심적인 사람들입니다. 불신자들이라고 할지라도 그렇게 말할 수 없는데 요즘은 그리스도인들조차도 이런 말을 서슴지 않고 합니다. 모두 자기만을 위하는 세상의 정신이 깊이 스며들었기 때문입니다. 한 남자가 한 여자를 만나 남편이 되기로 결심하고 또 한 여자가 한 남자를 만나 아내가 되기로 한 서약 안에는 미래의 자녀를 위해 희생하며 살겠다는 서약도 포함되어 있음을 기억해야 합니다.

제가 아는 한 자매는 성(姓)이 두 번이나 변경되어 지금 세 번째 성을 갖고 있습니다. 원래 김(金) 씨였습니다. 그런데 초등학교 1학년이 되었을 무렵 엄마가 부르더니 이렇게 말했습니다. "나를 위해서가 아니다. 네가 아빠 없는 아이로 자라는 것이 너무 마음이 아파서 이제 새아빠를 받아들여야겠다." 그러면서 엄마가 이(李) 씨인 남자와 두 번째 결혼을 하였습니다. 이제 겨우 일곱 살인 아이가 뭐라고 항변을 하고 자기의 의견을 펼칠 수 있었겠습니까? 그렇게 이 자매의 성은 이 씨가 되었습니다. 그러다가 고등학교 다닐 무렵 엄마가 그 남자와 헤어지고 박(朴) 씨인 남자와 다시 결혼하였습니다. 그래서 이 자매의 성도 다시 박 씨가 되었습니다.

엄마는 권력이 있으니까 아이에게 이렇게 할 수 있었습니다. 그러나 아이는 말할 수 없는 상처를 받았습니다. 이렇게 자신의 성이 바뀌는 가운데 겪은 자기 정체성의 혼란이 아이의 인생에 어떠한 영향을 주었겠습니까? 그녀는 자신의 정체성, 즉 자신이 누구인가에 대해 끊임없이 고민하였습니다. 그리고 그 고민은 중년의 나이가 된 지금까지도 치유되지 않는 상처로 남았습니다. 일평생 지고 가야 하는 십자가가 된 것입니다.

그러면 다음과 같이 항변하는 이도 있을 것입니다. "제가 이렇게 부당한 대접을 받으며 남편으로부터 고통을 받고 있는데 그까짓 아이의 성 때문에 말도 되지 않는 이 결혼 생활을 계속 유지해야 한다는 말씀입니까? 그럼 제 행복은 어디에서 보상을 받습니까?"

그렇다면 당신의 아이는 무슨 죄가 있습니까? 아이는 여러분이 낳았지만 여러분의 소유물이 아닙니다. 하나님의 형상을 지니고 태어난 하나님의 사람입니다. 아이는 존중히 여김을 받아야 합니다. 부모의 따뜻한 돌봄 아래에서 하나님께서 의도하신 참사람이 될 권리를 가진 존엄한 사람입니다. 아이들에게 이러한 권리는 신성불가침한 것입니다.

그런데 어떻게 자신의 행복을 위해 아이의 인생을 짓밟을 수 있습니까? 누구든지 가정에서 자신의 행복이 존중받아야 한다고 생각하는 것은 마땅하지만 그 행복은 자신과 함께 가족 관계 안으로 들어온 다른 사람들과 함께 이루어 가는 행복이어야 합니다.

아이들은 엄마 아빠와 함께 한집에서 살을 맞대고 살면서 사랑이 무엇이며 서로 돕는 것이 무엇인지를 배워야 합니다. 서로 이해하고 용서하는 것이 무엇인지 부모를 통해서 터득해야 합니다. 그때 아이들은 자연스럽게 가족 이외의 사람들과도 어울려 사는 법을 익히게 됩니다. 더욱이 나이가 어린 아이에게는 엄마 아빠가 자신들이 아는 세계의 거의 전부입니다. 그리하여 이 세상이 무너지고 혼란이 와도 엄마 아빠 두 사람만 견고히 서서 자신들을 사랑해 주면 아이들의 인간성은 아주 망가지지 않는 법입니다.

그런데 부모가 이혼을 한다고 생각해 보십시오. 그때 아이들은 엄청난 충격을 받고 혼돈을 경험합니다. 가족 관계가 해체되는 것은 아이들이 살고 있던 아름다운 세계가 파괴되는 것과 같습니다. 그 충격은 인간이 이 세상에서 겪는 그 어떤 불행보다도 더 큽니다.

자신과의 관계에서

셋째로 이혼은 자신과의 관계를 파괴합니다. 한 사람이 이혼할 때가 되면 생각이 비상하리만치 하나의 초점으로 모아집니다. 그것은 자신이 이혼하기만 하면 삶은 편안해지고 모든 것이 다 잘될 것이라는 생각입니다. 그래서 대부분의 사람들은 이혼을 하면 지금보다 더 나은 미래가 기다리고 있을 것이라 믿습니다. 그러나 이혼하고 난 후 이혼의 결과는 사라지지 않고 항상 자기 앞에 있습니다(시 51:3).

아주 모범적으로 신앙 생활하던 부부가 있었습니다. 교회에서 열심히 섬겼고 행복한 가정을 이루고 있었습니다. 어느 날 그 부부가 제게 와서 사실은 자신들이 아주 오래전에 각자의 가정을 깨뜨리고 만난 사이임을 고백하였습니다. 그러면서 말을 덧붙였습니다. 그렇게 긴 세월이 흘렀어도 자신들이 가정을 깨뜨렸다는 사실과 깨어진 그 가정을 한 번도 잊어 본 적이 없노라고 말입니다. 아무리 은혜를 받고 하나님을 섬겨도, 하나님과의 깨어진 관계의 고통과 자신들이 가정을 깨뜨렸다는 양심적인 가책, 두고 온 자식에 대한 기억이 가슴속에서 사라지지 않았다는 뜻입니다.

불행한 이혼 후에도 하나님께서 은혜를 많이 주실 수 있습니다. 그러나 이혼의 결과는 항상 자신 앞에 있습니다. 아무리 많은 은혜를 받고 새 삶을 살아도 한 가정을 깨뜨렸다는 사실, 끝까지 사랑하여야 할 자녀를 버렸다는 사실은 일생 동안 고통으로 남습니다. 이전에 친척 관계로 지내던 사람들과 남남처럼 살아야 하는 현실은 부자연스럽기만 합니다.

이처럼 깨어진 가정의 결과를 짊어지고 살아야 하는 아픔은 그리 만만하지 않습니다. 그렇기에 하나님께서는 용서해 주셨는데도 자신은 자신을 용서하지 못하며 그 현실에 얽매이기도 합니다. 때로는 이러한 마음이 사탄의 좋은 올무 거리가 되기도 합니다.

사랑으로 고난을 이기라

이혼을 생각하는 어떤 이들은 이렇게 물을 것입니다. "그러면 도대체 저더러 어떻게 하라는 말입니까? 수많은 괴롭힘과 의심, 무시와 멸시를 받으면서도 계속 함께 살라는 것입니까?"

그런 남편 밑에서 모욕을 받으면서 사는 것이 얼마나 힘든 줄 압니다. 그런 아내와 함께 한집에서 살아야 한다는 것이 얼마나 괴로운 일인지 압니다. 여성으로서의 자존감이 무시당하면서 사는 것이 얼마나 어려운 일인지 압니다. 그럼에도 불구하고 참아야 합니다(롬 5:3-4). 그것이 하나님의 뜻입니다(고전 13:4). 하나님의 뜻이 너무 잔인하다고 말할지도 모르겠습니다. 여러분은 이혼을 고려하지 않을 수 없는 처지에 있는 자신을 위로는 못해 줄망정 어떻게 더 참으라고 하느냐고 항의할지도 모르겠습니다. 그래도 마음을 다해 참아야 합니다.

여러분이 선택한 결혼이었습니다. 그리고 그 선택에는 책임이 뒤따릅니다. 이제 여러분이 참아야 합니다. 그러나 인간의 힘으로는 참을 수 없기에 하나님의 은혜가 필요합니다. 하나님의 은혜는 우리에게 인내할 힘을 줍니다. 은혜가 하나님의 사랑이기 때문입니다.

아무리 가정을 지키려고 노력하여도 은혜의 자원이 부족하면 아내의 허물, 남편의 결점이 보입니다. 그럴 때마다 하나님 앞에 간절히 비십시오. 마땅히 감당해야 할 하나님의 의무와 그것을 감당할 수 없는 현실 사이에서 주님께 목 놓아 울며 은혜를 간구하면 하나님께서는 언제나 외면하지 않으시고 고난을 이길 힘을, 시련을 견딜 은혜를 주십니다(고전 13:7, 고후 1:6).

그 은혜는 우리에게 사랑을 불러일으킵니다. 거룩한 사랑이 우리의 마음을 가득 채웁니다. 그러면 상대방이 불쌍한 영혼으로 보이기 시작합니다. 하나님의 사랑이 충만해지면 배우자와 배우자의 허물이 분리되어 보이기 시작합니다. 그 허물과 잘못은 밉지만 그 사람은 용서할 수 있게 됩니다. 그리하여 나에게 상처를 준 아내를, 고통을 준 남편을 영혼으로서 사랑할 수 있게 됩니다.

그러므로 목숨을 걸고 하나님의 은혜를 구하십시오. 하나님께 간절히 매달려 보십시오. 이혼은 할 수 없다고 생각하고 고난도 이기고 슬픔도 극복하게 하는 그리스도의 사랑을 구하십시오. 그리고 다시 한번 눈을 떠서 아내와 남편, 아이들을 바라보십시오. 마음속 깊이 그들을 불쌍히 여기십시오(롬 9:15 참고). 주님의 사랑이 마음에 가득하면 남편이 그렇게 불쌍해 보일 수 없습니다. 아내가 그렇게 가엾게 보일 수 없습니다. 그런 은혜가 있으면 부모로서 아이들에 대한 사랑에 목이 메입니다. 그래서 우리에게는 은혜가 필요합니다.

가정의 여러 가지 문제 때문에 곤고할수록 육체의 즐거움을 찾지 말고 하나님의 은혜를 구하십시오. 배우자와 아이들과의 사랑의 결속을 더욱 굳게 하십시오. 그렇게 주님의 은혜로 위기를 넘기고 주님의 은혜를 입으며 고난의 때를 지나십시오. 그러다가 또 다른 시련이 오면 다시 하나님 앞에 간절히 은혜를 구하며 그렇게 용서하고 용납하면서 살아가는 것이 바로 부부입니다.

결혼은 항상 달콤한 꿀덩어리가 아닙니다. 그저 우리 삶의 또 다른 십자가라고 여겨야 할 때가 있습니다. 신자가 십자가를 지고 승리하는 비결은 하나님의 사랑으로 고난을 극복하는 것입니다. 고난을 받을 때마다 그리스도께서 우리를 위해 당하신 고난을 생각하면서 자신의 고난을 그리스도의 고난에 투사하며 하나님 앞에 살아야 합니다(히 3:1). 남편이나 아내, 아이들 때문이 아니라 나를 위해 대신 고난받으신 그리스도 때문에 말입니다.

결혼의 십자가를 지고

사람에게 아프지 않은 관계는 없습니다. 그러나 달면 삼키고 쓰면 뱉어 버린다면 그것이 어떻게 진정한 가족 관계라고 할 수 있겠습니까? 가족은 무엇인가 나에게 유익한 것을 해주었기 때문에 가족이 아닙니다. 단지 가족이기에 허물과 잘못까지도 용납하면서 살지 않으면 안 되는 관계입니다. 남편과 아내는 만난 사람이 아니라 만나게 해주신 하나님을 생각하며 그분을 의지하면서 살아야 합니다. 서로를 감당하기 어려울 때마다 하나님께 은혜를 구하며 그 사랑의 관계를 이어가다 보면 하나님께서 그 가정을 변화시키는 역사를 볼 수 있을 것입니다.

제가 교회를 개척하고 얼마 되지 않았을 때의 일입니다. 우리 교회 등록 교인은 아닌데 새벽마다 나와 기도드리는 한 자매가 눈에 띄었습니다. 처음에는 이렇게 생각했습니다. '참으로 믿음이 좋은 자매가 새벽 기도에 나왔구나!'

그러던 어느 날 설교를 마치고 강대상 아래에서 기도하고 있는데 인기척이 느껴져 고개를 들었더니 그 자매였습니다. 자매는 머뭇거리더니 조심스럽게 입을 열었습니다. "목사님, 지금 목사님께 안수 기도를 받을 수 있을까요?" "무슨 일이 있습니까?" "목사님, 제가 이혼할 수 있도록 기도해 주십시오." 그러나 그렇게 기도해 줄 수는 없었습니다. 그래서 대신 자매의 영혼을 위해 간절히 기도해 주었습니다.

그 후에 그 자매와 마주 앉아 그녀의 인생 이야기를 듣게 되었습니다. 그런데 제가 아내라도 그런 남편과는 살기 싫을 것 같았습니다. 하루가 멀다 하고 술을 마시고 와서는 집안 물건들을 던지며 행패를 부렸습니다. 그는 아내를 조금도 소중히 여기지 않았습니다. 거의 매일 폭언을 퍼붓고 멸시하는 생활이 반복되었습니다. 이런 상황이 결혼하고 나서부터 수십 년간 지속되었습니다. 그렇게 곤고한 생활 중에 새벽마다 교회에 나와서 이혼할 수 있도록 하나님께 간절히 기도하였던 것입니다.

놀랍게도 이 자매가 교회에 등록하고 목양받으면서 은혜를 받기 시작하였습니다. 공교롭게도 그 즈음, 남편에게 뇌졸중이 와서 반신불수가 되었습니다. 여러분의 생각에는 어떻습니까? 지금이야말로 남편에게 복수할 수 있는 절호의 기회가 아니겠습니까? 남편을 버리고 도망가도 쫓아오지 못합니다. 그야말로 오랫동안 받아 온 모욕과 멸시, 고통을 보복할 기회가 온 것입니다.

그러나 하나님께서 그녀에게 은혜를 주시자 복수의 기회는 사랑을 베풀 기회로 바뀌었습니다. 자기도 영적으로 반신불수 같은 삶을 살아왔는데 하나님께서 자녀 삼아 사랑해 주신 것이 한없는 은혜로 다가왔습니다. 그와 같은 은혜를 깨닫고 나니까 불쌍한 처지에 있는 남편이 그렇게 가여울 수 없었습니다.

제가 그 집에 심방을 갈 때마다 그 자매가 남편을 사랑하는 것을 확인할 수 있었습니다. 얼굴에 마비 증세가 와서 침까지 흘리는 남편의 볼에 자신의 얼굴을 부비면서 말합니다. "목사님, 저는 이 사람이 너무 사랑스러워요." 이제 직장에도 못 다니고 집안에만 있는 남편을 깨끗이 씻기고 수염을 깎아 주고 매일 깨끗한 옷을 입혀 줍니다.

그때 제 마음속에는 눈물이 흘렀습니다. 그리고 이렇게 고백하지 않을 수 없었습니다. "인간에게 있는 상처가 아무리 크다고 할지라도, 은혜는 그 모든 것을 이길 수 있구나!"

맺는 말

한 사람이 운명처럼 생각하던 결혼 관계를 깨야겠다고 마음을 먹고 이혼을 결정하기까지는 무수한 고민의 시간이 있었을 것입니다. 남 모르는 수많은 시련의 시간들 속에 겪어야 했던 고통이 있었을 것입니다.

그러나 하나님의 섭리에는 실수가 없습니다(창 50:20 참고). 우리의 짧은 안목으로 보면 고통과 모순밖에 없는 것처럼 느껴져도 긴 안목으로 보면 지금은 이해할 수 없는 신기한 방법으로 하나님께서 당신의 뜻을 이루어 가심을 볼 수 있습니다. 그러므로 하나님의 신실하심과 선하심을 바라보십시오. 여러분을 이 시련 가운데서 가꾸고 다듬으면서 온전케 하실 것이라 믿으십시오.

한나를 생각해 보십시오. 그녀는 누구도 위로할 수 없는 극도의 슬픔 속에 있었습니다. 그녀가 선택한 방법은 하나님께로 피하는 것이었습니다. 마음의 모든 시선을 자기를 멸시하는 브닌나와 아이를 갖지 못하는 자신의 비참함에서 거두었습니다. 그러고는 하나님 한 분만을 바라보았습니다. 마치 술 취한 여자처럼 하나님께 매달렸습니다(삼상 1:1-16). 그리고 결국에는 이렇게 찬송하였습니다.

> 내 마음이 여호와로 말미암아 즐거워하며 내 뿔이 여호와로 말미암아 높아졌으며 내 입이 내 원수들을 향하여 크게 열렸으니 이는 내가 주의 구원으로 말미암아 기뻐함이니이다 여호와와 같이 거룩하신 이가 없으시니 이는 주 밖에 다른 이가 없고 우리 하나님 같은 반석도 없으심이니이다(삼상 2:1-2).

하나님께서는 모든 것을 알고 계십니다. 비록 우리가 어디로 가야 할지 잘 몰라도 하나님을 의지하고 따르면 외로운 자의 친구가 되시고 당신 자녀의 아버지가 되어 주십니다. 남편으로부터 충분한 사랑을 받지 못한 자를 긍휼히 여기시며 사랑을 베풀어 주실 것입니다. 아내로부터 이해받지 못한 상처받은 마음을 주님께서 어루만져 주실 것입니다. 이것을 믿으면 아내의 부족이, 남편의 약함이 여러분을 하나님의 사랑으로 인도하는 도구가 되지 않겠습니까?

오래 참아야 합니다. 어려움이 극심하여 도저히 견딜 수 없다고 여겨질 때마다 예수 그리스도께서 여러분을 위해 어떻게 끝까지 사랑하셨는지를 생각하면서 말입니다. 여러분이 지혜로운 남편과 아내가 되어 하나님께서 주신 이 결혼 관계를 아름답게 유지해 가기를 바랍니다.

적용과 실천을 위한 나눔

8장 이혼을 생각하는 그대에게

결혼한 이들에게

혹시 여러분에게 자신의 행복이나 자녀의 안정이 결혼의 주된 목적은 아닙니까? 하나님께서 여러분에게 주신 결혼 생활에 대한 소명이 있다면 무엇인지 나누어 봅시다.

결혼 생활에서 실제적으로 가장 힘든 문제는 무엇입니까? 그 문제를 여러분은 어떻게 대하고 있습니까? 그저 견디고 있는지, 신앙의 힘으로 이기고 있는지 이야기해 봅시다.

결혼하지 않은 이들에게

결혼 생활을 막연하게 달콤하고 즐거운 것으로만 여기고 있지는 않았습니까? 때로는 아프고 괴로운 날도, 당장 이혼하고 갈라서고 싶은 날도 있을 것인데 그러한 상황에서도 끝까지 사랑해야 한다는 것이 여러분에게 어떤 무게로 다가오는지 서로 나누어 봅시다.

앞으로 맞이하게 될 배우자에게 여러분이 구체적으로 기대하는 바는 무엇입니까? 혹은 '나는 이러이러한 배우자는 결코 참을 수 없어.' 라고 생각하는 것은 무엇입니까? 만약 결혼 후 여러분이 선택한 배우자에게서 여러분의 기대가 충족되지 않거나 참아 줄 수 없는 부분이 발견된다면 그 마음은 어떠할까요? 자신에게 그러한 상황을 믿음으로 이겨 낼 힘이 있는지 나누어 봅시다.

바리새인들이 예수께 나아와 그를 시험하여 이르되 사람이 어떤 이유가 있으면 그 아내를 버리는 것이 옳으니이까 예수께서 대답하여 이르시되 사람을 지으신 이가 본래 그들을 남자와 여자로 지으시고 말씀하시기를 그러므로 사람이 그 부모를 떠나서 아내에게 합하여 그 둘이 한 몸이 될지니라 하신 것을 읽지 못하였느냐 그런즉 이제 둘이 아니요 한 몸이니 그러므로 하나님이 짝지어 주신 것을 사람이 나누지 못할지니라 하시니 마 19:3-6

9장 이혼한 그대에게

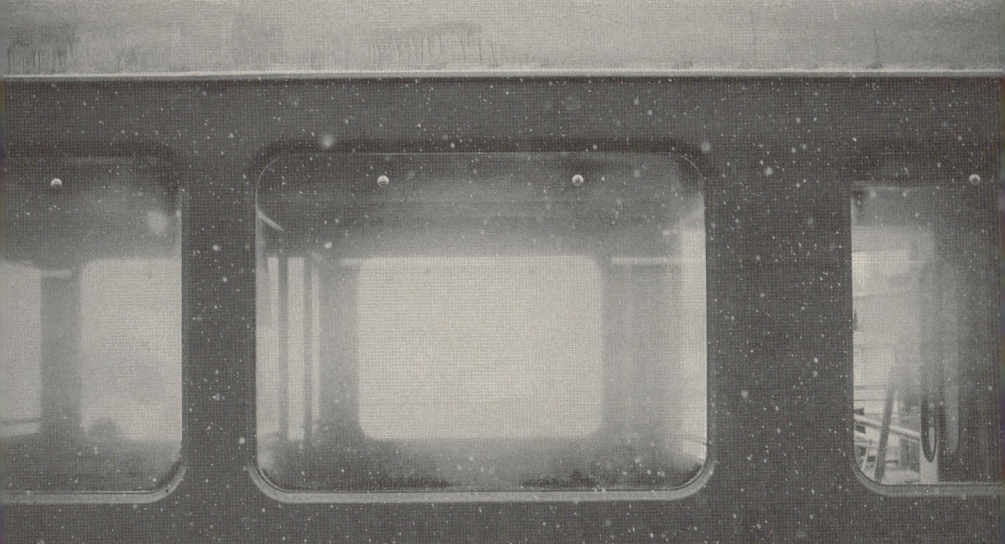

망가진 사람들의 결합

과거에는 국가나 가정과 같은 공동체의 이익을 중요하게 생각했지만 현대에는 개인의 행복을 가장 가치 있는 것으로 간주하는 경향이 있습니다. 그리고 개인의 행복은 철저하게 자기 자신에게 집중하며 자신만을 위하는 삶을 살 때 획득된다고 믿습니다. 하지만 이것은 잘못된 생각입니다. 인간의 참된 행복은 관계성 안에 있기 때문입니다.

제가 어렸을 때만 해도 어른들은 3남 2녀가 가장 이상적인 자녀의 수라고 이야기했습니다. 그러던 것이 2남 1녀가 되었고, 둘만 낳아 잘 기르자고 하였다가 나중에는 하나면 충분하다고 여기게 되었습니다. 그런데 요즘은 여기에서 더 나아가 아이를 낳지 않기로 결정하고 결혼하는 사람들도 꽤 있다고 합니다.

일반적으로 형제들이 많은 가정에서 자란 사람들이 사회 생활에 잘 적응합니다. 다른 형제자매들과 함께 어울려 자라는 동안에 양보와 자기 꺾음을 자연스럽게 배우기 때문입니다.

우리가 언뜻 생각하기에는 자라면서 모든 것을 다 누리며 자기 뜻대로 사는 아이가 많은 형제들 속에서 결핍을 느끼며 자란 아이보다 행복한 유년 시절을 보낼 것 같습니다. 그리고 어른이 되어서도 더 행복할 것 같습니다. 그러나 그렇지 않습니다. 아이들은 형이 입던 옷을 물려받고 누나로부터 공부도 배우면서 인간으로 사는 법을 알게 됩니다. 이렇게 자란 아이들은 대부분 결혼해서도 배우자와 가족을 배려하며 잘 살아갑니다. 어려움이 닥치더라도 함께 해결하려 하고, 자기를 내세우기보다는 꺾으면서 가정의 평화를 유지해 가려고 합니다. 인간은 이렇게 자기를 꺾으며 양보하는 삶을 살 때 더욱 행복해집니다. 그 안에서 다른 사람들과 좋은 관계를 맺을 수 있기 때문입니다.

요즘 부모들은 자녀의 기를 죽이지 않으려고 노력합니다. 그러나 아이가 행복해지기를 바란다면 자기를 꺾고 기가 죽는 경험 안에서 자라도록 해야 합니다. 그리고 기가 죽은 뒤에 어떻게 다시 일어서는지도 배울 수 있어야 합니다. 그래야 올바른 인간 관계를 이루며 살 수 있습니다. 그런데 요즘은 이런 교육을 받고 자란 젊은이들을 찾아보기가 힘듭니다. 그렇기 때문에 가족을 위해 자기를 꺾어 본 적이 없고 더더욱 남을 위해서는 기가 죽어 본 적이 없는 젊은 남녀 둘이 만나서 한 가정을 이루게 되니 사사건건 두 사람이 충돌하는 것은 당연한 일입니다. 그리고 가정에 어려움이 올 때 함께 힘을 모아서 그것을 극복하면서 인내하지 못합니다.

행복한 결혼 생활을 위해서

행복한 결혼 생활을 위해서는 좋은 배우자를 만나는 것 외에도 몇 가지 필수적인 조건이 요구됩니다.

첫째는 좋은 부모입니다. 인간의 도리가 무엇이고 가정이 무엇인지를 알고 열심히 살아가는 좋은 부모를 만나야 합니다. 인간은 부모로부터 처음 교육을 받을 뿐만 아니라 하나님은 물론 다른 사람들과도 어떤 관계를 맺고 살아야 하는지를 배웁니다. 또한 부모로부터 배운 것들은 배우자와의 관계를 좌우합니다.

둘째는 좋은 목회자입니다. 좋은 목회자를 만나 그에게서 가정과 신앙의 도리를 배워야 합니다. 부부의 참된 연합을 위해 필요한 태도들을 성경을 통해 배우는 일이 필요합니다. 그래서 남편과 아내에게는 꺾이지 않던 마음이 목회자에게서 배운 성경의 진리에는 꺾여야 합니다.

셋째는 좋은 신앙입니다. 거룩한 은혜 때문에 하나님 앞에서 자기를 포기하고 깨어진 사람은 배우자 때문에 고통받을 때 그 문제를 들고 하나님 앞으로 나아갑니다. 하나님과의 관계 속에서 자신의 문제를 해결하려고 노력합니다. 하나님의 은혜에서 멀어진 상태에서 참으면 마음에 병이 생기지만 하나님의 은혜 안에 있으면 그렇게밖에 살 수 없는 남편을 오히려 불쌍히 여길 수 있습니다. 그 고통을 십자가 삼아 자신도 더 거룩해집니다. 신앙이 그것을 가능하게 합니다.

이혼의 십자가를 지고

제가 고등학교 다닐 때의 일입니다. 제 친구의 아버지는 군인이셨습니다. 그런데 어느 날 부인이 남편과 아이들을 두고 다른 남자를 따라 집을 나가 버렸습니다. 친구 아버지는 그 일이 있고 나서 얼마 후에 전역을 하게 되었는데, 다른 직업을 갖지 않고 국가에서 주는 연금으로 생활하면서 사내 아이 셋을 직접 키우셨습니다.

그분은 아이들만 바라보고 사셨습니다. 아침이면 여느 주부처럼 아이들을 깨워 손수 도시락을 싸서 학교에 보냈습니다. 또 저녁이면 저녁 식사를 준비하고 아이들을 기다렸습니다. 그 당시에는 제 친구도 자신의 아버지가 그렇게 사는 것을 못마땅하게 여겼습니다. 그러나 시간이 흐른 후에 아버지의 선택이 누구를 위한 것이었는지 뼈저리게 알게 되었습니다. 자라서 어른이 되어 보니 아버지가 했던 희생과 헌신이 얼마나 큰 것이었는지를 깨닫게 되었던 것입니다.

그 친구는 자신이 인생을 살면 살수록 아버지를 더 존경하고 사랑하게 된다고 말했습니다. 그 아버지는 비록 이혼을 하였지만, 그럼에도 불구하고 자신의 가정을 훌륭히 지켜 냄으로써 이혼 후의 자신의 삶을 더욱 아름답게 가꾸었습니다. 누구도 그에게 그런 삶을 강요하지는 않았지만 말입니다.

인생은 짧지만 사람들마다 수많은 사연을 간직하면서 살아갑니다. 우리가 마음먹은 대로 되지 않는 것이 인생입니다. 남녀가 사랑해서 결혼을 하고 부부가 되기로 결심했을 때 이혼을 예상한 사람은 아무도 없었을 것입니다. 그러나 둘이서 살다 보니 갈등과 고통이 생겨났고 이혼하게 되었습니다. 물론 끝까지 결혼 생활을 유지하지 못한 것은 매우 가슴 아픈 일입니다. 그런 일은 일어나지 않았으면 좋았을 것입니다. 하지만 그런 일이 일어났습니다.

두 사람은 혼인 서약을 깨고 이혼했습니다. 그렇다면 이혼 후에는 어떻게 살아가야 할까요? 이에 대해서 하나님과 교회, 가정과 자기 자신이라는 네 가지 측면에서 살펴보겠습니다.

하나님 앞에서

첫째로 하나님 앞에서의 삶입니다. 이혼한 여러분이 하나님 앞에서 해야 할 가장 중요한 일은 자신이 행한 일이 무엇인지를 알고 깊이 회개하는 것입니다. 잘 살아보려고 애썼지만 말할 수 없는 고통 속에서 배우자는 포기했습니다. 그러나 하나님은 버리거나 포기할 수 없습니다. 우리가 무엇을 하든지 어디에 있든지, 또 어떻게 살든지 하나님을 벗어날 수 없습니다. 시인의 고백과 같습니다.

내가 주의 영을 떠나 어디로 가며 주의 앞에서 어디로 피하리이까 내가 하늘에 올라갈지라도 거기 계시며 스올에 내 자리를 펼지라도 거기

계시니이다 내가 새벽 날개를 치며 바다 끝에 가서 거주할지라도 거기서도 주의 손이 나를 인도하시며 주의 오른손이 나를 붙드시리이다(시 139:7-10).

인생은 결혼보다 그 의미가 더 크고 살아갈 세월은 더 깁니다. 여러분이 이혼을 했다고 하더라도 인생이 끝난 것은 아닙니다. 깨어진 가정의 상처로 인해서 때로는 살기 싫을 수도 있을 것입니다. 그러나 여전히 여러분 앞에 펼쳐진 인생을 살아가야 합니다. 남편과 아내를 비롯한 가족과의 깨어진 인간 관계는 당장 회복할 수 없다고 하더라도 하나님과의 관계는 회복해야 하지 않겠습니까?

이혼을 하고 나면 그 사람이 남편이든지 아내이든지 간에 모두 상대방을 일방적인 가해자로 생각하고 자신은 일방적인 피해자라고 생각합니다. 그러나 먼저 그 생각을 버려야 합니다. 그런 생각을 버리지 않는 한 여러분은 결코 가정을 깨뜨린 것에 대해 회개할 수 없습니다.

어떠한 이혼이라도 어느 한 사람이 일방적으로 잘못해서 가해자가 된 경우는 그리 많지 않습니다. 물론 더 많이 책임을 져야 할 쪽은 분명히 있을 것입니다. 그러나 어느 한쪽이 일방적인 가해자이고 다른 쪽이 일방적인 피해자가 되는 경우는 거의 없습니다.

한때는 그렇게 사랑스럽던 배우자가 왜 마음에서 멀어졌을까요? 부부 사이에 정신적인 연합이 깨어진 것이 어떻게 어느 한쪽만의 책임일까요? 그러나 이혼으로 이미 많은 상처를 입은 사람들에게 자신의 잘못을 돌아보는 일은 결코 쉬운 것이 아닙니다.

이혼한 사람들 대부분이 자신을 이혼의 일방적인 피해자라고 주장하는 것은 자신의 상처만을 바라보기 때문입니다. 자신이 입은 상처가 너무 아파서 상대방의 상처는 보이지 않는 것입니다. 그래서 이혼을 한 후 복수심에 불타는 마음으로 상대방이 매우 불행해지기를 바라는 사람들도 있습니다.

그러나 이런 마음은 자신의 영혼을 더욱더 곤고하게 할 뿐입니다. 자신이 상처를 입었듯이 상대방도 고통을 받았을 것이라고 생각하며, 그러한 부분에 대해 하나님께 회개하여야 합니다.

또한 자신이 준 상처 때문에 고통스러워했을 상대방에게도 용서를 빌 줄 아는 마음을 가져야 합니다. 그리고 자신에게 상처를 남긴 상대방에 대해서도 마음 깊이 용서하여야 합니다. 물론 이혼의 아픔 속에서 고통받고 있는 당사자에게는 이러한 요구가 가혹하게 느껴질 것입니다. 하지만 맺힌 것을 풀어야 자신의 영혼이 삽니다.

자신의 이혼에 대한 진지한 성찰 없이 또 다른 결혼을 꿈꾸는 것은 두 번째 이혼을 준비하는 것에 지나지 않습니다. 한 사람의 삶은 그 사람의 인간됨이 그리고 지나간 궤적입니다. 그의 인간됨이 바뀌지 않으면 새로운 삶을 시작한들 그것이 어찌 새로운 삶이겠습니까? 그 사람이 바뀌지 않았는데 어떻게 새로운 삶을 살 수 있겠습니까?

그러므로 이혼했다면 먼저 하나님 앞에 회개하고 하나님과의 관계를 바르게 세워야 합니다. 이혼 후에는 현실적으로 헤쳐 나가야 할 인생의 난관이 더 많습니다. 그래서 하나님의 은혜가 더욱 필요합니다. 그리고 오직 회개와 믿음만이 그동안 막혔던 하나님과의 관계를 열고 다시 은혜가 그에게 부어지게 하는 유일한 통로입니다.

교회 앞에서

둘째로 교회 앞에서의 삶입니다. 사람들은 이혼을 개인적인 일이라고 생각합니다. 그래서 어떤 사람들은 아무리 목회자가 말려도 자기의 일이라고 말하면서 이혼을 결행합니다. 이에 대해 사도 바울은 다음과 같이 말합니다.

> 누구든지 언제나 자기 육체를 미워하지 않고 오직 양육하여 보호하기를 그리스도께서 교회에게 함과 같이 하나니 우리는 그 몸의 지체임이라 그러므로 사람이 부모를 떠나 그의 아내와 합하여 그 둘이 한 육체가 될지니 이 비밀이 크도다 나는 그리스도와 교회에 대하여 말하노라 그러나 너희도 각각 자기의 아내 사랑하기를 자신같이 하고 아내도 자기 남편을 존경하라(엡 5:29-33).

사도 바울은 그리스도와 교회 사이의 우주적 연합의 비밀이 결혼 관계에 예시되어 있다고 보았습니다. 그렇습니다. 결혼은 개인적인 일이 아닙니다. 남편과 아내 모두 상대방의 배우자이기 전에 하나님의 자녀이며 그리스도의 몸인 교회에 접붙여진 지체입니다. 그것을 기초로 남편과 아내 사이의 영적인 연합인 부부 관계가 생겨납니다. 그런데 하나님의 자녀가 그리스도의 몸의 지체로서 혼인의 연합을 깨는 것이 어떻게 개인적인 일일 수 있습니까? 그것은 교회의 몸에 고통을 주는 일입니다.

목회자의 주례로 결혼하여 함께 교회를 섬기며 살아가는 한 쌍의 남녀가 있었습니다. 그런데 피치 못할 이유로 이혼했습니다. 그러고도 두 사람이 한 교회에 출석하며 주님을 사랑할 수 있었겠습니까? 결국은 찢어졌습니다. 더욱이 그렇게 그 가정이 깨지는 것을 그들의 자녀뿐만 아니라 교회의 다른 가정의 아이들도 보았습니다. 그들이 경험한 가치관의 혼란은 어떻게 하시렵니까?

이혼은 부부만의 문제가 아니라 교회의 문제입니다. 어떤 식으로든지 성도가 이혼을 함으로써 교회의 몸은 상처를 받고 고통을 당합니다. 그런데도 자신의 이혼을 통해서 교회가 상처와 고통을 받았다는 사실에 관심을 기울이는 사람들은 거의 없습니다. 오직 자신의 설움과 아픔에만 관심이 있을 뿐입니다. 제가 이런 말씀을 드리는 것은 이미 이혼을 하고 아파하는 여러분을 정죄하여 더욱 힘들게 하기 위함이 아닙니다. 어쩔 수 없이 이혼했다고 할지라도 그 때문에 교회도, 하나님도 멀리해서는 안 된다는 사실을 강조하기 위함입니다.

신자인 여러분이 이혼을 해서 가정이 깨어졌다면 그 자체가 교회에 큰 상처를 입힌 것입니다. 그러니 이제는 자신들의 가정이 깨어짐으로 인해 받은 교회의 상처를 기억하면서 그 상처를 보듬어야 합니다.

　이것은 단지 교회 앞에서 죄의식을 가지라는 의미가 아닙니다. 여러분의 아픔은 교회의 아픔이기 때문에 하나님의 은혜로 속히 회복하고, 이제는 여러분이 교회의 다른 아픈 지체들을 위로하고 고치는 존재가 되어야 한다는 의미입니다. 또한 자신은 그리스도의 몸에 상처를 준 사람임을 항상 기억하면서 겸손한 자세로 그리스도의 몸을 보호하며 살아가야 한다는 것입니다. 그리스도의 몸에 더 이상 아픔을 주지 않으리라는 마음으로 일평생 살아야 합니다.

깨어진 가정 앞에서

　　　　　　　　　　셋째로 깨어진 가정 앞에서의 삶입니다. 이혼을 했습니다. 삶 자체가 모두 찢어졌습니다. 껍데기뿐이던 가정은 파괴되었고, 가족도 모두 흩어졌습니다. 이렇게 깨어진 가정 앞에서는 어떻게 해야 하겠습니까?

　저는 이것이 매우 어려운 길이라는 것을 알면서도 사랑하는 지체들에게 다시 가정으로 돌아가라고 말합니다(고전 7:10-11). 환경에 의해서 돌아가는 것이 불가능하게 되었을 수도 있습니다. 그러면 상황이 열릴 때까지 기다리십시오. 어쩌면 돌아갈 자리가 아예 없을 수도 있습니다. 그러나 그것이 깨어진 가정에 대한 책임감을 완전히 회피하게 하는 면죄부가 될 수는 없습니다. 돌아갈 자리가 없으니 나도 이제 자유로운 몸이라 여기며 새로운 인생을 시작할 수 있다고 가볍게 생각해서는 안 된다는 것입니다.

그러한 시도를 하려고 할 때 여러분에게 현실적으로 많은 고난이 뒤따를 것입니다. 그리고 그 고난에 비해 열매가 적을 수도 있습니다. 막상 가정으로 돌아간다고 해도 깨어진 배우자와의 관계나 양가 가족과의 관계, 자녀와의 관계가 해결되지 않을 수도 있습니다. 그럼에도 불구하고 할 수만 있다면 다시 가정으로 돌아가서 그 사랑을 완성하는 것이 가장 좋은 길입니다.

이것이 이미 이혼을 한 당사자들에게 얼마나 가혹한 요구인지 저도 잘 알고 있습니다. 그러나 때로는 가장 고통스러운 가시밭길이 생명의 길인 경우가 있습니다. 자신이 깨뜨린 가정에 대해 가족에게 용서를 빌고 돌아가는 것이 하나님께서 기뻐하시는 일입니다.

예전에는 자신이 행복해지기 위해서 가정을 꾸렸지만 이제는 주님의 뜻을 성취하기 위해 가정을 이루는 것이 진정으로 옳습니다. 뿐만 아니라 자신이 가족을 위한 한 알의 밀알이 되겠다는 심정을 가지고 가정으로 돌아가라는 것입니다(요 12:24). 여러분이 잘못하였기 때문에 흔들린 가정과 상처받은 자녀를 위하는 마음으로 돌아가라는 것입니다.

그리고 이렇게 생각해야 합니다. '가정으로 돌아가지만 앞으로 저의 만족은 배우자도, 자식도 아닙니다. 오직 주님만이 저의 만족입니다. 주님만 저와 함께 계시면 충분합니다.'

가정으로 돌아가십시오. 남편이 무시한다고 해도, 아내가 용서해 주지 않는다고 해도 자신의 잘못을 빌고 가정으로 돌아가십시오. 그 길이 가장 올바른 길이고 결국은 승리하는 길이기에 여러분이 당하게 될 모든 어려움과 고통을 내다보면서도 가정으로 돌아가라고 말하는 것입니다.

인간이 현재 누리는 행복도 미래의 꿈도 모두 지나가는 것입니다. 이 세상도 지나가고 그 정욕도 지나갑니다(요일 2:17). 그 사람을 다시 사랑하기가 어렵게 느껴질 때마다 십자가에서 우리를 위해 죽으신 예수 그리스도를 바라보십시오. 하나님 아버지를 적대하고 그분을 원수로 대하던 우리를 위해 예수 그리스도께서 대신 죽으셨습니다. 그 핏빛 사랑을 바라보면서 남은 인생을 이제는 주님을 위해 가정을 꾸리는 성도들이 되기를 빕니다.

자기 자신을 향하여

넷째로 자기 자신 앞에서의 삶입니다. 제일 문제가 되는 것은 자기 자신입니다. 자신이 어떻게 자신을 버릴 수 있겠습니까? 자신을 떠나 어디로 갈 수 있겠습니까? 우리가 아무리 멀리 여행을 떠난다고 하더라도 자신은 항상 자기 안에 있습니다. 내가 어디에 있든지 어떤 삶의 사태들을 만나든지 나는 나에게 끊임없이 말을 건넵니다.

여러분은 이혼한 후에 하나님께로부터 큰 은혜를 받고 가정으로 다시 돌아가려 할 수 있습니다. 하지만 여러 가지 요인으로 이미 돌아갈 수 없는 상황일 수 있습니다. 그럼에도 불구하고 여러분에게 권하고 싶은 것은 경솔한 마음으로 육신을 위해서 두 번, 세 번 결혼하지 말라는 것입니다.

재혼의 길이 없는 것은 아니지만 새로운 결혼을 결정함에 있어서는 신중하고 또한 신중해야 합니다. 하나님과의 관계를 회복하고, 자신의 인생에서 일어난 이혼이라는 엄청난 사건의 의미를 바르게 이해한 후에, 상처받은 자신의 자녀에 대한 진지한 고려와 성찰 속에서 하나님의 인도하심을 받아야 합니다.

깊은 성찰과 변화의 과정 없이 가정이 깨어지자마자 육신의 생각으로 또다시 결혼한다면 그것은 정욕을 따라 사는 삶일 뿐입니다. 다시 새로운 가정을 이룰 수는 있습니다. 하지만 자신의 가정이 불행하게 끝날 수밖에 없었던 이유에 대한 충분한 성찰과 반성, 은혜에 의한 변화가 먼저 필요합니다.

이혼을 하고 나면 이제 현실적인 문제들이 생겨납니다. 하나님 앞에서 가정을 깨뜨렸다는 정죄감이 들게 되고, 주위의 사람들로부터 도덕적인 비난을 받을 수도 있습니다. 깨어져 버린 자녀와의 관계, 자녀 앞에서 잃어버린 부모로서의 당당함을 생각하면, 이제는 아이들에게 훌륭한 사람이 되라고 타이를 수 있는 자격이 없는 것만 같습니다. 그렇기에 이혼한 사람들 가운데 양심적인 사람들은 일평생 아이들 앞에서 죄인의 마음으로 살아갑니다. 앞으로 혼자 살아야 하는데 경제적인 상황은 어떻게 해결해야 할지, 때로는 정욕에 길들여진 육신을 어떻게 제어해야 할지 등등, 이 모든 것이 십자가로 남습니다.

이혼하기 전에는 이 모든 것들이 배 속에 있는 아이와 같았는데 이혼을 하자마자 이것들이 태어난 아이처럼 밖으로 뛰쳐나와 현실적인 문제가 됩니다. 그때 어떻게 해야 하겠습니까? 주님을 간절히 붙들고 의지하며 사는 길 이외에 무슨 방법이 있을 수 있을까요?

사랑하는 여러분, 앞으로는 사람을 의지하지 말고 하나님을 의지하며 살기를 바랍니다. 이 세상 남편은 여러분을 버렸으나 하늘 아버지는 여러분을 버리시는 법이 없습니다. 이 세상에 있는 아내는 여러분이 가장 힘들 때 배신했으나 하나님께서는 배신하시는 법이 없습니다. 한 번 이혼함으로써 돌이킬 수 없는 잘못을 저질렀지만 이제는 마음을 온전히 지키면서 주님을 깊이 사랑하며 살아야 합니다.

변함없는 하나님의 사랑

이혼, 그것은 인생을 송두리째 뒤흔드는 어마어마한 일입니다. 그 일이 일어나기 전 얼마나 많은 시간 동안 당사자는 어둠 속에서 남이 알지 못하는 고통을 겪었겠습니까? 여러분이 오죽했으면 살을 찢는 아픔 속에서 이혼하였겠습니까?

양심은 끊임없이 마음에 송사하고 속의 걱정, 밖의 근심이 홀로 된 외로움에 고통을 더합니다. 거울을 볼 때마다 가정을 깨뜨린 자신을 발견합니다. 세상은 여러분에게 이혼한 남자, 이혼녀, 가정도 못 지킨 사람, 자식을 버린 부모라고 손가락질하는 것 같습니다.

그러나 하나님께는 아무것도 변한 것이 없습니다. 하나님께서는 언제나 선하시고 자비로우십니다(대하 5:13). 여러분은 하나님 앞에서 상처받은 한 마리 어린 양에 불과합니다. 여러분이 자기 안목에 좋은 대로 결혼을 하겠다고 할 때도 주님께서는 허락하셨습니다. 이혼을 할 때도 하나님께서는 침묵하셨습니다.

탕자의 비유를 생각해 보십시오. 재산을 나누어 떠날 때도 아버지는 탕자를 사랑하였고, 모든 것을 허비하고 빈털터리로 돌아올 때도 아버지는 아들을 사랑하였습니다(눅 15:11-24). 아버지 집에 있을 때에도, 타국에서 허랑방탕하게 모든 재물을 탕진한 후 비참하게 된 때에도 탕자는 여전히 아버지에게 아들이었기 때문입니다.

이 세상 모든 사람이 여러분을 버린다고 할지라도 주님께서는 당신을 찾는 자들을 결코 버리지 않으시는 우리의 아버지이십니다(시 9:10). 여러분이 이혼을 했어도 하나님의 자녀라는 사실에는 변함이 없습니다. 하나님께서 마음 깊이 사랑하시는 당신의 자녀입니다. 단지 여러분에게 하나님을 사랑하는 것이 부족하여 그것을 못 느낄 뿐입니다. 하나님 밖에서의 행복을 꿈꾸다가 행복 대신에 고통을 겪고 있는 여러분을 볼 때 하나님 아버지의 마음이 어떠시겠습니까? 여러분이 아파하는 것보다 하나님께서 더 많이 아파하시지 않겠습니까?

맺는 말

다윗은 우리아의 아내 밧세바를 범한 후 선지자 나단에게 그가 겪을 미래의 일에 대해 예언을 받았습니다(삼하 12:10-11). 이 때문에 다윗은 왕의 지위에 올랐지만 일평생 고통 속에서 지내야 했습니다. 이는 모두 다윗이 하나님께 범죄했기 때문에 일어난 일이었습니다.

그런데 그 고통은 다윗의 영혼을 더욱 아름답게 하였습니다. 그는 고통 중에서 하나님만 바라보았습니다. 그의 삶에 안식이 없었기에 이 세상의 왕국보다는 하나님의 나라를 더 사모하였습니다. 다윗은 이 세상에서 있다가 사라지는 기쁨보다도 하나님 안에서 누리는 성도의 기쁨을 찾으면서 살았습니다. 그랬더니 죄의 대가로 주어진 징계가 오늘날 우리가 아는 다윗을 만드는 훌륭한 성화의 도구가 되었습니다.

이 땅에 살아 있는 날 동안 이혼의 십자가는 벗어 버릴 수 없지만 하나님께서는 여전히 여러분을 사랑하십니다. 여러분이 어둠 속에서 헤매던 그 많은 날들, 은혜의 말씀에 빛을 받고도 돌이킬 수 없는 과거 때문에 흘렸던 참회의 눈물도 하나님께서는 모두 보셨습니다. 여러분이 혼자 버려진 것처럼 느낄 때, 사실 하나님께서는 여러분 가장 가까이에 계십니다.

신학자 몰트만(Jürgen Moltmann, 1926-)은 인간이 극심하게 고통받을 때 하나님이 어디 있느냐고 묻지만 바로 그때 주님께서는 그들 가장 가까이에서 그들의 고난에 동참하고 계신다고 말했습니다. 이혼의 아픔을 안고 두려움과 괴로움 속에서 홀로 울고 있을 때, 하나님께서는 거기 계셔서 여러분의 눈물을 씻기십니다.

사람들의 편견이나 구설을 두려워하지 마십시오. 좋은 가정을 이루고 살아가는 사람들을 보면서 부러워하지도 마십시오. 이제 불완전한 남편이 아니라 완전하신 주님을 남편으로 모시고 살아가십시오. 그리고 앞으로 전개될 인생에 대한 또 다른 하나님의 섭리를 믿으며 기다리십시오.

이혼했을지라도 하나님께서는 변함없이 여러분의 아버지이십니다. 인간인 부모도 자신의 자녀가 이혼했다고 해서 자녀를 버리지 않는데, 하물며 우리의 아버지이신 하나님께서 이혼한 당신의 자녀를 더욱 긍휼히 여기며 사랑하지 않으시겠습니까? 그러므로 주님을 꼭 붙드시기 바랍니다. 그분을 남편으로, 아버지로, 연인으로 모시고 삶의 상황이 어떻게 변하든지 간에 온전히 의지하십시오. 참된 행복은 하나님께 있습니다(시 73:28).

적용과 실천을 위한 나눔

9장 이혼한 그대에게

여러분은 성장하는 가운데 양보와 배려, 자신을 꺾고 죽이는 법을 충분히 배우며 자랐습니까? 혹시 이러한 부분의 결핍 때문에 배우자를 비롯한 인간관계에서 어려움을 느낀 적은 없는지 나누어 봅시다.

이혼이 부부의 문제가 아니라 교회의 문제이듯, 결혼도 부부의 문제가 아니라 교회의 문제입니다. 예수 그리스도 안에서 부부의 사랑이 교회를 향한 사랑과 일치가 된 경험이 있다면 나누어 봅시다.

여러분이 꿈꾸는 가정의 행복은 무엇인지 함께 나누어 봅시다.

이 책을 읽는 동안 변화된 마음의 자세나 삶의 태도가 있다면 자유롭게 나누어 봅시다.

마치는 이야기

여호와여, 나는 주의 구원을 기다리나이다

　저에게는 쌍둥이 형이 있었습니다. 형은 단순한 사람이라서 막무가내로 행동할 때가 많았습니다. 그런데도 아버지는 저보다 형을 더 좋아했습니다. 그래서 하나님께서 저에게 주시려던 축복을 형에게 주려고 하였습니다. 저는 그런 아버지를 이해할 수 없었습니다. 만약 어머니가 아니었더라면 저에게 돌아올 유산을 모두 잃어버렸을 것입니다.

　결혼 생활도 그리 만만하지 않았습니다. 사기꾼 같은 장인어른과 이간질에 능한 처남들이 버티고 있는 가운데 질투심 강한 두 자매와 그녀의 몸종들을 아내로 맞아들였습니다. 저는 많은 아내를 바란 적이 없었습니다. 단지 사랑하는 한 여자와 결혼하여 화목하고 안정된 가정을 누리고자 하였을 뿐인데 인생은 제 뜻대로 풀리지 않았습니다.

　한낮의 살인적인 더위, 살이 에이는 듯한 밤바람을 무릅쓰며 눈 붙일 겨를도 없이 장인어른의 양떼를 지켰습니다. 그렇게 고단한 노동을 마치고 집으로 돌아올 때 제가 그린 것은 따뜻함과 쉼이 있는 가정이었습니다. 그러나 집에 돌아와서도 저는 쉴 수 없었습니다. 아내들의 질투와 원망, 시기심 가득한 쟁쟁거림에 시달려야 했기 때문입니다.

그때 한 명 한 명 태어나는 아이들은 제게 기쁨이었습니다. 저는 아이들이 저의 든든한 버팀목이 되어 주기를 바랐습니다.

그러나 아이들이 성장하자 저의 괴로움도 커져 갔습니다. 첫째 아들은 사람으로서 할 수 없는 짓을 저질렀습니다. 둘째, 셋째 아들은 다른 민족을 살육하고 약탈함으로써 멸문지화를 초래할 뻔하였습니다. 금지옥엽이던 딸은 가장 예쁠 때에 강간당하여 눈물로 세월을 보내야 했습니다.

더군다나 위의 아들들 열은 작당하여 제가 가장 사랑하였던 아들을 노예로 팔아 버렸습니다. 누구보다 사랑했던 아내 라헬을 제일 많이 닮았던 아이, 일찍 어미가 죽었기에 엄마의 정을 알지 못했던 아이에게 좀더 따뜻하게 대해 준다고 한 것이 화를 초래하였습니다. 다른 형제들이 그 아이를 무섭게 시기하였던 것입니다. 그래서 저는 바로 앞에 섰을 때 이렇게 말하였습니다.

내 나그네 길의 세월이 백삼십 년이니이다 내 나이가 얼마 못 되니 우리 조상의 나그네 길의 연조에 미치지 못하나 험악한 세월을 보내었나이다 (창 47:9).

만약 이 험악한 세월 동안 하나님께서 저와 함께하지 않았더라면 저는 견디지 못했을 것입니다. 하나님께서는 제가 부모의 집을 떠나 외삼촌의 집으로 갈 때 나타나셨습니다. 그리고 말씀하셨습니다. 저와 함께 하실 것이며 저를 도와주실 것이라고 말입니다(창 28:13-15). 하나님께서는 그 약속 그대로 언제나 제게 신실하셨습니다.

장인어른이 20여 년간 저를 속여 품삯을 10번이나 변경하였으나 하나님께서는 그를 막으셔서 저의 몫을 챙겨 주셨습니다(창 31:7-9). 자신의 재산을 빼앗겼다고 생각한 장인어른이 저를 공격하려고 쫓아왔을 때도 하나님께서 그를 막으셔서 저의 가족을 지켜 주셨습니다(창 31:24).

저의 쌍둥이 형이 저에게 복수하기 위해 장정 400명을 동원하여 달려 나왔을 때도 하나님께서는 극적인 방법으로 형과 제가 눈물로 화해할 수 있도록 도와주셨습니다(창 33:4).

그리고 가나안 민족에게 온 가족이 살육당할 위기 가운데서도 저희 가족을 지켜 주셨습니다(창 35:5).

다시는 만날 수 없을 것 같았던 아버지 이삭과 다시 만나게 되었고(창 35:27) 무엇보다도 종으로 팔려 갔던 사랑하는 아들 요셉을 다시 만날 수 있었습니다(창 46:29-30).

이 모든 일들이 하나님께서 저를 돌보셨기에 가능했습니다. 하나님께서는 항상 "생육하며 번성하라 한 백성과 백성들의 총회가 네게서 나오고 왕들이 네 허리에서 나오리라 내가 아브라함과 이삭에게 준 땅을 네게 주고 내가 네 후손에게도 그 땅을 주리라"(창 35:11-12)는 약속에 신실하셨습니다.

그래서 저는 죽음을 앞둔 때에 "나는 죽으나 하나님이 너희와 함께 계시사 너희를 인도하여 너희 조상의 땅으로 돌아가게 하시려니와"(창 48:21)라고 믿음으로 고백할 수 있었습니다.

앞의 이야기는 야곱의 생애를 조금 각색하여 풀이한 것입니다. 형의 보복이 두려워서 도망치듯 혈혈단신으로 밧단아람으로 갔던 야곱이었습니다. 그곳 사람들이 야곱을 반길지, 언제쯤이면 다시 고향으로 돌아가 어머니를 만나게 될지는 알 수 없었습니다. 하나님의 약속은 있었지만 현실적인 상황을 볼 때 그 약속은 성취될 것 같지 않았습니다. 그래서 야곱은 인간적인 수단과 방법으로 살아 보려고 몸부림치기도 하였습니다. 그는 믿음의 조상이라는 이름에는 걸맞지 않았던 사람이었습니다.

하지만 그랬던 그가 이제 이스라엘의 열두 지파의 아버지가 되었습니다. 하나님께서는 이와 같이 결함 많은 야곱과 그의 가족을 택하셔서 당신의 위대한 구속 역사를 이루시는 일의 징검다리로 삼으셨습니다. 그리하여 그 가족에게서 한 민족이, 한 나라가 일어났습니다. 그리고 결국에는 인류의 구원자이신 예수 그리스도께서 야곱의 후손에게서 나셨습니다.

여러분의 가정이 상처투성이입니까? 차라리 아버지가 없었으면 더 나을 뻔하였다고 생각합니까? 어머니를 이해할 수 없습니까? 자기 이익 챙기기에만 재빠른 형제들이 얄밉기만 합니까? 수십 년간 온갖 희생으로 자녀를 길렀는데 이제 다 컸다고 부모를 무시합니까? 우리의 가족 안에 사랑이 흘러서 하나가 될 수 있을 것이라고 상상할 수 없습니까? 가족 관계가 회복되리라는 꿈은 실현 불가능한 일이라고 생각합니까?

인생에서 만나는 모든 문제에 대한 해답은 항상 성경 안에 있습니다. 하나님께서는 야곱에게 하셨던 말씀을 오늘 우리에게도 동일하게 하십니다.

> 일어나 벧엘로 올라가서 거기 거주하며 네가 네 형 에서의 낯을 피하여 도망하던 때에 네게 나타났던 하나님께 거기서 제단을 쌓으라(창 35:1).

이 말씀은 '너는 내 앞에 서라.'는 의미입니다. 우리 인생의 모든 곤고함은 하나님을 등진 데에 있습니다. 그러니 이제 하나님께로 돌아가십시오. 이제 성경으로 돌아가십시오. 그리고 이제 우리도 야곱과 같이 고백하고자 합니다.

우리가 일어나 벧엘로 올라가자 내 환난 날에 내게 응답하시며 내가 가는 길에서 나와 함께하신 하나님께 내가 거기서 제단을 쌓으려 하노라 (창 35:3).

그때 우리가 꾸었던 꿈은 현실이 될 것입니다.

참고 문헌

국외 주석 및 사전

Brown, F. Driver, S. & Briggs, C. *The Brown-Driver-Briggs Hebrew and English Lexicon*. Peabody: Hendrickson Publishers, 2003.

Danker, Frederick William. ed. *A Greek-English Lexicon of the New Testament and Other Early Christian Literature*. Chicago: University of Chicago Press, 2000.

Henry, Matthew. *Genesis–Deuteronomy*, in *Matthew Henry's Commentary on the Whole Bible*. vol. 1. Peabody: Hendrickson Publishers, 2006.

국외 단행본

Augustine, Saint. *Marriage and Virginity*, in *The Works of Saint Augustine*. vol. I/9. trans. by Ray Kearney. New York: New City Press, 1999.

Augustine, Saint. *The Confessions*, in *The Works of Saint Augustine*. vol. I/1. trans. by Maria Boulding. New York: New City Press, 2004.

Calvin, John. *Institutes of the Christian Religion*. vol. 2. trans. by Henry Beveridge. Grand Rapids: William B. Eerdmans Publishing Company, 1981.

Cicero. *On Duties*, in *The Loeb Classical Library*. vol. 30. trans. by Walter Miller. Cambridge: Harvard University Press, 2005.

Descartes, René. *Discourse on the Method,* in *The Philosophical Writings of Descartes.* vol. 1. trans. by John Cottingham, Robert Stoothoff & Dugald Murdoch. New York: Cambridge University Press, 2007.

Kant, Immanuel. *Perpetual Peace.* Minneapolis: Filiquarian Publishing, LLC., 2007.

Owen, John. *The Nature, Power, Deceit, and Prevalency of the Remainders of Indwelling Sin in Believers,* in *The Works of John Owen.* vol. 6. ed. by William H. Goold. Edinburgh: The Banner of Truth Trust, 1991.

Plutarch. *Moralia II,* in *The Loeb Classical Library.* vol. 222. trans. by Frank Cole Babbitt. Cambridge: Harvard University Press, 2002.

국내 번역본

대니얼 G. 에이멘. 『사랑할 때 당신의 뇌가 하는 일』. 김승환 역. 서울: 크리에디트, 2008.

루안 브리젠딘. 『남자의 뇌, 남자의 발견』. 황혜숙 역. 서울: 리더스북, 2010.

알바 노에. 『뇌과학의 함정』. 김미선 역. 서울: 갤리온, 2009.

위르겐 몰트만. 『몰트만 자서전』. 이신건, 이석규, 박영식 공역. 서울: 대한기독교서회, 2011.

위르겐 몰트만. 『십자가에 달리신 하나님』. 김균진 역. 서울: 한국신학연구소, 1992.

유교경전번역총서 편찬위원회 편. 『맹자』. 유교문화연구소 역. 서울: 성균관대학교출판부, 2008.

일본 뉴턴프레스 편. 『뇌와 마음의 구조』. 강금희 역. 서울: 뉴턴코리아, 2011.

임마누엘 칸트. 『영원한 평화』. 백종현 역. 서울: 아카넷, 2013.

존 그레이. 『화성에서 온 남자 금성에서 온 여자』. 김경숙 역. 서울: 동녘라이프, 2010.

존 화이트. 『내적 혁명』. 김경옥 역. 서울: 죠이선교회출판부, 2001.

코델리아 파인. 『젠더, 만들어진 성』. 이지윤 역. 서울: 휴먼사이언스, 2014.

톨스토이. 『행복』. 김철곤 역. 서울: 민중출판사, 2008.

A. G. 카플란, M. A. 세드니 공저. 『성의 심리학』. 김태련, 이선자, 조혜자 공역. 서울: 이화여자대학교출판부, 1990.

Arthur C. Guyton, John E. Hall. 『의학생리학』. 강대길 외 26인 공역. 서울: 정담, 2002.

Campbell, Reece, Mitchell, Taylor. 『생명과학, 이론과 현상의 이해(제4판)』. 김명원 역. 서울: 라이프사이언스, 2005.

Neil R. Carlson. 『생리심리학의 기초』. 김현택, 조선영, 박순권 공역. 서울: 시그마프레스, 2006.

국내 단행본

김민석, 양욱, 유용원 공저. 『신의 방패 이지스 대양해군의 시대를 열다』. 서울: 플래닛미디어, 2008.

송웅달. 『900일간의 폭풍, 사랑』. 서울: 김영사, 2007.

유치환. 『깃발, 나부끼는 그리움』. 서울: 교보문고, 2008.

피천득. 『인연』. 서울: 샘터, 2004.

국내 논문

김승혜. "공자관의 재조명: 부부유별의 해석학적 역사와 현대적 전망." 『공자학』 4권 (1998): 47-81.

박해미. "프랑스의 유아교육 및 보육 정책에 관한 소고." 『아동보육연구』 제1권 1호 (2005): 1-15.

이종묵. "조선 선비의 부부 생활과 부부유별." 『관악어문연구』 34권 (2009): 349-365.

정미라. "프랑스 유아교육의 발달 및 현황." 『한국영유아보육학』 제18집 (1999): 151-173.

사명선언문

너희가 흠이 없고 순전하여……세상에서 그들 가운데 빛들로
나타내며 생명의 말씀을 밝혀 _ 빌 2:15-16

1. 생명을 담겠습니다
만드는 책에 주님 주신 생명을 담겠습니다.
그 책으로 복음을 선포하겠습니다.

2. 말씀을 밝히겠습니다
생명의 근본은 말씀입니다.
말씀을 밝혀 성도와 교회의 성장을 돕겠습니다.

3. 빛이 되겠습니다
시대와 영혼의 어두움을 밝혀 주님 앞으로 이끄는
빛이 되는 책을 만들겠습니다.

4. 순전히 행하겠습니다
책을 만들고 전하는 일과 경영하는 일에 부끄러움이 없는
정직함으로 행하겠습니다.

5. 끝까지 전파하겠습니다
모든 사람에게, 땅 끝까지, 주님 오시는 그날까지
복음을 전하는 사명을 다하겠습니다.

서점 안내

광화문점 서울시 종로구 새문안로 69 구세군회관 1층
02)737-2288(T) 02)737-4623(F)

강남점 서울시 서초구 신반포로 177 반포쇼핑타운 3동 2층
02)595-1211(T) 02)595-3549(F)

구로점 서울시 구로구 시흥대로 577 3층
02)858-8744(T) 02)838-0653(F)

노원점 서울시 노원구 동일로 1366 삼봉빌딩 지하 1층
02)938-7979(T) 02)3391-6169(F)

분당점 경기도 성남시 분당구 황새울로 315 대현빌딩 3층
031)707-5566(T) 031)707-4999(F)

신촌점 서울시 마포구 서강로 144 동인빌딩 8층
02)702-1411(T) 02)702-1131(F)

일산점 경기도 고양시 일산서구 중앙로 1391 레이크타운 지하 1층
031)916-8787(T) 031)916-8788(F)

의정부점 경기도 의정부시 청사로47번길 12 성산타워 3층
031)845-0600(T) 031)852-6930(F)

인터넷서점 www.lifebook.co.kr

김남준

현 안양대학교의 전신인 대한신학교 신학과를 야학으로 마치고, 총신대학교에서 목회학 석사와 신학 석사 학위를 받았으며, 신학 박사 과정에서 공부했다. 안양대학교와 현 백석대학교에서 전임 강사와 조교수를 지냈다. 1993년 **열린교회**(www.yullin.org)를 개척하여 담임하고 있으며, 현재 총신대학교 신학과 조교수로도 재직하고 있다. 저자는 영국 퓨리턴들의 설교와 목회 사역의 모본을 따르고자 노력해 왔으며, 아우구스티누스를 비롯한 보편교회의 신학과 칼빈, 오웬, 조나단 에드워즈와 17세기 개신교 정통주의 신학에 천착하면서 조국교회에 신학적 깊이가 있는 개혁교회 목회가 뿌리내리기를 갈망하며 섬기고 있다.

주요 저서로는 1997년도 기독교 출판문화상을 수상한 『예배의 감격에 빠져라』와 2003년도 기독교 출판문화상을 수상한 『거룩한 삶의 실천을 위한 마음지킴』, 2005년도 기독교 출판문화상을 수상한 『죄와 은혜의 지배』, 2015년도 기독교 출판문화상을 수상한 『가슴 시리도록 그립다, 가족』을 비롯하여 『구원과 하나님의 계획』, 『게으름』, 『자기 깨어짐』, 『하나님의 도덕적 통치』, 『교사 리바이벌』, 『자네, 정말 그 길을 가려나』, 『목회자의 아내가 살아야 교회가 산다』, 『설교자는 불꽃처럼 타올라야 한다』, 『돌이킴』, 『싫증』, 『개념없음』, 『그리스도인이 빛으로 산다는 것』, 『가상칠언』, 『목자와 양』, 『아이야 엄마가 널 위해 기도할게』, 『깊이 읽는 주기도문』, 『서른통』, 『부교역자 리바이벌』, 『인간과 잘 사는 것』, 『교회와 그리스도의 남은 고난』 등 다수가 있다.